基金项目:2021 年度河南省高等学校青年骨干教师培养计划(项目编号:2021GGJS184)

成果导向下体育教师职前培养模式的基础理论与实践

吴卫东 著

河南大学出版社
HENAN UNIVERSITY PRESS
·郑州·

图书在版编目(CIP)数据

成果导向下体育教师职前培养模式的基础理论与实践/吴卫东著. -- 郑州：河南大学出版社，2024. 5

ISBN 978-7-5649-5835-0

Ⅰ. ①成… Ⅱ. ①吴… Ⅲ. ①体育教师-师资培养-研究 Ⅳ. ①G807

中国国家版本馆 CIP 数据核字(2024)第 057205 号

责任编辑 陈 炜
责任校对 李 云
封面设计 李雪艳

出　版 河南大学出版社
地址:郑州市郑东新区商务外环中华大厦 2401 号　邮编:450046
电话:0371-86059752(大众文化出版中心)　0371-86059701(营销部)
网址:hupress. henu. edu. cn

排　版 郑州市今日文教印制有限公司
印　刷 郑州市今日文教印制有限公司

版　次	2024 年 5 月第 1 版	**印　次**	2024 年 5 月第 1 次印刷
开　本	787 mm×1092 mm　1/16	**印　张**	13. 25
字　数	165 千字	**定　价**	39. 00 元

前　言

《“健康中国2030”规划纲要》对学校体育教育提出了工作要求，明确提出加强学校体育教育，提高学生健康素养和体质健康水平。多年来，高校体育教育专业培养了大量体育教育专业人才，有力推动了我国学校体育的发展。据调研，目前高校体育教育专业培养的人才普遍存在一定程度基础知识缺失。在职体育教师的专业基础知识不够扎实，教学效果不佳，这对目前中、小学体育与健康课程标准的实施非常不利。专业基础知识是体育教师从事体育教学训练工作的重要基础，其为科学地进行体育课教学和运动训练提供理论指导。因此，对基础课程教学进行改革，提升体育教育专业基础课程的教学效果，切实提高教学质量，对增强未来体育教师的教学能力和丰富体育教师的教学手段具有重要意义。

尽管基础课程的教学改革已经取得了一定成效，但依赖于传统教学理念的教学活动中仍然存在一些亟待解决的问题。据调查走访，目前高校体育院系基础课的教学普遍存在以下问题：(1)体育教育专业学生基础理论知识，尤其是有关中、小学生身体素质发育规律和身体形体特征的基础知识薄弱；(2)基础课程教学内容繁多，重难点不易理解、掌握，学生普遍感觉基础知识枯燥、抽象，从而导致学生缺乏学习主动性，学习效率低下；(3)

基础课程的教学与体育教师实际应用、运动实践相脱节。例如，针对体育教育专业学生，运动生理学课程教学多侧重“生理学”，忽视“运动”；运动解剖学课程教学中关于身体基本结构的教学内容较多，知识点繁杂，关于运动过程中身体工作原理的讲述较少。如何改变现状，切实提高基础课的教学效果，达到人才培养方案、教学大纲要求的教学目标，需要我们认真思考。

成果导向教育理念(Outcome-based Education, OBE)以学生的产出(即学习结果)作为教学驱动力，与传统上教学内容驱动教学活动形成鲜明对比，强调教育范式由“内容为本”向“学生为本”的根本转变、教学实施活动由“教师中心”向“学生中心”的转移，被认为是一种教育范式的革新。OBE 理念关注学生的学习成果，强调学生掌握知识和能力的程度，而不是单一强调“教什么”“如何教”。教学单位必须对学生毕业时达到的能力水平有清楚的预期，以预期的学习产出为中心组织实施和评价教学各环节，保障学生达到预期目标。

近五年来，OBE 作为高等教育一种新型教育范式，在各地区高校被推广应用于各专业人才培养方案和课程教学大纲的制定。2015 年清华大学开始进行 OBE 试点，并将其作为本科课程教学改革的重点项目进行推广，基于 OBE 教育模式通过对部分专业课程制定预期学习产出标准、设计相匹配的教学策略、提出更合理的评价手段等方式实施改革，取得了良好成效。此后，华东师范大学、华东理工大学等多所高校逐步推广构建基于 OBE 理念的专业建设和课程改革实践，均取得了较好的成效。OBE 教育理念可以用来设计某一学科的课程体系，也可以用来指导具体课程的设计与建设。体育教育专业中任何一门基础课程都不是孤立的，不能仅仅完成自身知识体系的目标任务，只有将其纳入课程体系、体育教师群体的实际需求中，在基于“学习产出”的基础上确定某一门课程的具体教学目标、教学内容、教学实施方法、课程评价方式等，才能切实提高未来体育教师的基础理论水平。

本书的编写过程中，任爽、苗天潮、许迎迎、朱敬生、万康和刘静等为本书进行了校对和修改等工作，出版得到了河南省本科高校青年骨干教师培养计划项目的资助，在此一并深表感谢！

由于水平有限，疏漏及不完善之处在所难免，敬请同行专家、广大师生及读者不吝赐教，以便本书更臻完善。

作者

目　　录

第一章　成果导向教育理念(OBE)诞生的基础

第一节　实践基础

成果导向教育理念(Outcomes-based Education，缩写为OBE)旨在关注学生的学习成果与能力发展，而不仅仅关注教学过程。这一理念在20世纪80年代开始提出，并在一些教育制度中得到广泛应用，OBE源于对传统教育模式的批判和反思。传统教育往往注重教师的教学内容和方法，而不够关注学生的实际学习成果。OBE试图解决这一问题，将学生的学习成果作为衡量教学有效性的主要标准，这一理念的发展还受到对现实世界需求和就业市场考量的影响。OBE重视培养学生在现实生活中所需的技能和知识，使他们能够适应未来的职业发展，并通过设置明确的学习目标和评估标准，鼓励学生主动参与学习，并为学生提供实践和解决问题的机会。总的来说，成果导向教育理念的诞生，是基于对传统教育模式的反思和对学生学习成果及能力发展的重视。它致力于提高教学质量，培养学生实际运用知识和技能的能力，并使他们更好地适应未来的挑战和机遇。

当OBE的理念开始流行和应用时就引起了广泛的讨论和

调整。一些人对于过度强调学习成果而忽视个体差异和综合发展提出了批评。为了解决这些问题,OBE 逐渐演变成了更加综合和平衡的教育方法继续发展,其核心概念包括设置明确的学习目标、制定适宜的评估方式、提供个性化的学习支持和为学生提供实践与应用的机会。这些方面都强调了学生参与和主动性的重要性,使他们能够在学习过程中发挥自己的潜力。OBE 的发展也受到了技术进步的推动。现代技术的应用使得学生的学习成果可以更容易地被衡量和跟踪。电子学习平台、在线测验和个性化学习软件等工具帮助教师更好地与学生互动,提供个性化的教学和反馈。尽管 OBE 的实施仍有许多挑战,但它持续影响教育界,并在各个国家和地区得到采纳和探索。通过关注学生的学习成果和能力发展,成果导向教育理念为教育体系的改革提供了一个重要的参考框架。

一、 工业革命的兴起

任何教育理念的出现必然伴随着一定的实践需要。OBE 教育理念的实践基础最远可以追溯到 1492 年哥伦布发现新大陆,新大陆的发现使孤立的世界逐渐连成一个整体,世界各地的文化开始交融。这标志着以欧洲为中心的世界市场的雏形开始显现,经济开始繁荣兴盛。这时也逐渐兴起一种全新的工业文明,西方国家终于走出了中世纪的黑暗,逐渐开始崛起,直至成为世界的中心。在之后的几百年间,经济发展经历了几个时代,农业时代之后,1881—1935 年世界经济发展进入工业时代,其主要表现为现代学校的创办和资本主义的萌芽以及重工业的发展等。蒸汽机的发明,使英国先人一步率先开始工业革命,这时的学校教育作为工业化的产物,其主要作用是为工业化发展提供可用人才，因此工业化背景下的学校包括统一的教材、标准化的课堂、流水线式的教育，为工业化培养了许多可用人才，满足了那时的经济社会需要。

成果导向教育理念与工业革命之间存在一定的联系和影响。工业革命发生在18世纪60年代至19世纪中期，是人类历史上重要的转折点之一。在这一时期，工业化的兴起和技术的飞速发展导致劳动力市场的变革和经济结构的重组。工业革命的到来对教育产生了深远的影响。随着工业化的推进，对劳动力的需求发生了巨大变化，人们开始需要更多的专业技能和实践能力来适应工业社会的发展。这促使教育体系转向更加实际和应用的方向，以培养适应工业社会的人才。成果导向教育理念的诞生可以被视为对工业革命的回应。随着社会对实际能力的需求增加，教育理念也开始关注学生真正掌握的知识和技能，而不仅仅注重传授理论知识。成果导向教育强调通过实践和解决问题的活动来提高学生的综合能力，并为他们未来的职业生涯做好准备。因此，可以说成果导向教育理念的兴起和工业革命背景下教育变革的需要是相互关联的。工业革命为成果导向教育的理念提供了一个背景，它响应了工业社会对实际能力和应用技能的需求，并致力于培养适应这样的社会环境的学生。

二、信息时代的到来

成果导向教育理念也对信息时代的到来产生了一定的影响。信息时代是指由信息技术的快速发展和广泛应用所带来的一个时代，它改变了人们获取、传递和利用信息的方式。随着信息时代的到来，信息和知识的爆炸式增长，对个体的终身学习能力提出了更高的要求。在这个时代，学生需要具备信息处理、创新思维、解决问题和自主学习等能力，而不再是照本宣科和死记硬背。成果导向教育理念与信息时代的需求有着紧密的联系。它强调学生多实践，鼓励学生主动参与并运用所学知识解决问题。成果导向教育注重培养学生的综合能力和自主学习能力，使他们能够在信息时代中适应不断变化的知识和技术。此外，成果导向教育也借助信息技术的广泛应用来支持学生的学习过程。例如，电子学习平台、在线资源和个性化学习软件等工具都为学生提供了更多的学习资源和学习方式的选择。通过使用这些技术，教师可以更好地个性化地指导学生，并为他们提供及时的反馈和评估。可以说，成果导向教育理念与信息时代的到来相互影响。成果导向教育理念在信息时代的背景下显得更为重要和必要，它为学生提供了适应信息时代所需要的能力和素养，并利用信息技术的发展来支持学生的学习和发展。

从年代顺序来看，成果导向教育模式的渊源可以追溯到500年前欧洲中世纪的工艺行业协会的学徒培训模式。一些当代的例子，包括军事、飞行学校，滑雪学校等的技术培训项目；其他一些明显的例子，如医生、律师等职业执照的绩效认证等。1945年，第一部计算机的问世，标志着工业时代结束，逐渐向信息时代迈进，传统的工业时代的教育不能满足信息时代的要求，信息时代对人才提出了新的要求，教育改革迫在眉睫。这就为OBE的诞生奠定了一定基础。到了20世纪60年代末，美国就业市场发生巨变，人才供应不能满足市场需求，人们逐渐怀疑学校教育能不能为学生提供适应社会的能力，能力本位教育应运而生。能力本位教育与OBE教育理念所重视的学习结束后必须使学生掌握某种能力有相似之处，因此，能力本位教育也是OBE产生的重要基础。

1957年，苏联发射了世界上第一颗人造卫星“斯普特尼克一号”，这件事在美国引起轩然大波。美国将原因归结于教育，认为那时的学校教育不具有实践性，不能为科技发展提供动力，人们开始对教育进行改革。正如斯派迪（Spady）所指出，传统的工业时代的学校教育限制了许多学生的学习成功，而OBE有助于改变这些限制。在上述时代变革背景下，OBE应时而生，并于20世纪90年代得到欧美许多学校的大力提倡。对于OBE引起广泛兴趣、得以大范围实施的原因，斯派迪认为，主要有五个方面：一是OBE嵌入了有效教学设计的思想与实践；二是OBE回应了社会对提升所有学生学习机会的需求；三是工业时代向信息时代转型对工作的性质和雇佣的机会产生了深远的影响；四是OBE与“质量改革”极为相似；五是OBE能给父母、雇主和大学提供学生实际能力方面具体而有用的信息。

第二节　理论基础

一、教育目标理论

欧美学者较早关注教师所教与学生所学在预期目标上存在不协调与不同步的矛盾。这个矛盾最早由麦卡沃伊（Leo McAvoy）寻源到1860年由斯宾塞（Herbert Spencer）根据人类行为分类提出的教育规划目标论。1924年，赫尔巴特（Johann Friedrich Herbart）提出课程计划并阐述了由目标引导教学行为的重要性。泰勒（Ralph W. Tyler）于1949年进一步深化了在教育目标中应用课程设计和教学策略理念，并就此提出了四个基本问题:一是学校要达到的教育目标是什么;二是怎样的学习经历才能达到预设的教育目标;三是怎样有效组织达到既定教学目标的学习经历;四是对学习经历怎样进行有效评估。泰勒所论证的教育目标原理被广泛应用于课程论并成为惠勒(John Archibald Wheeler)课程设计模型的理论基础,而上述两位学者提出的相关理论构建了 OBE 理念的根基。到了 20 世纪 50 年代,布卢姆(Benjamin Bloom)及其合作者提出了教育目标发展分类理论,其对教育认知理念的表述成为 OBE 成果描述的标尺。

成果导向教育理念与教育目标理论之间存在密切的关系。教育目标理论是指对教育目标的研究和规划,旨在确定学生应该达到的特定学习成果。成果导向教育理念强调学生的学习成果和能力发展,因此与教育目标理论有着天然的联系。教育目标理论涉及目标的设定、层次、关联和评估等方面,这些目标可以是对学科知识、技能和能力的要求,也可以是对个体综合发展、价值观培养等方面的期望。通过明确教育目标,教育者可以指导并评估学生的学习过程,确保他们能够实现预期的学习成果。成果导向教育理念将教育目标作为关注的核心,强调学生的学习成果和能力发展。它要求教育者设定明确的学习目标,并通过适当的评估方式来测量学生是否达到这些目标。成果导向教育关注学生的实际掌握程度,注重学生能够运用知识解决实际问题和面对现实挑战的能力。因此,成果导向教育理念借鉴和应用了教育目标理论的原则和方法。它通过设定明确的学习目标、规划相应的教学活动和评估方式,以及关注学生的实际学习成果,为教育目标的实现提供了一个具体的框架和方法。同时,教育目标理论也为成果导向教育理念提供了理论支持和指导，使教育目标能够更加科学、系统地确定和实施。

1. 斯宾塞的教育目标论

赫伯特·斯宾塞（Herbert Spencer，1820—1903），英国哲学家，被誉为“社会达尔文主义之父”。他所提出的一套学说是把进化理论中“适者生存”的理论应用在社会学上，尤其是教育及阶级斗争。他的著作对很多课题都有贡献，包括规范、形而上学、宗教、政治、修辞、生物和心理学等等。

斯宾塞对于教育目标的论述对教育发展产生了重要的影响。斯宾塞认为，在教育过程中，应该将个体的全面发展作为教育的最终目标。斯宾塞的教育目标论强调培养学生的身体、智力、感情和道德等各个方面的发展。他认为，教育应该以个体的自由、自主和全面发展为出发点，通过适当的教育活动和环境来激发学生的潜能，使他们能够积极、自主地适应和塑造社会。斯宾塞的教育目标论还强调生活中的应用，他认为教育应该为学生提供实际的生活技能和社会适应能力，使他们能够在现实生活中发挥作用和取得成功，这一教育目标论与成果导向教育理念有一定的相似之处。斯宾塞的教育目标论还注重个体全面发展和实际应用能力的培养，与成果导向教育关注学生的学习成果和能力发展的核心思想相契合。二者都强调学生在现实生活中能够运用知识解决问题的能力，并追求学生个体的综合发展。斯宾塞的教育目标论为成果导向教育理念提供了一个理论基础和借鉴，它强调个体全面发展和实际应用能力的培养，为教育者在设计和实施教育目标时提供了启示和指导。同时，斯宾塞的教育目标论也在一定程度上影响了教育改革和实践的发展，推动教育以个体为中心，注重学生的综合发展和能力培养。

斯宾塞提出了“什么知识最有价值”这个问题，他认为评价知识价值的标准体现在对生活生产和个人发展的作用方面,即知识对生活的作用越大则价值越大。根据这个标准,斯宾塞确定了教育的目的是为"完满生活"做准备,即提倡实用教育,从而反对古典主义不实用的知识和教育。他把人的活动分成五类,并依据活动的种类,确定教学内容。第一种是直接保全自己的活动。他要求了解解剖学、生理学及卫生学。第二种是获得生活资料,间接保全自己的活动。他认为除了掌握读、写、算等基本技巧外,还要掌握逻辑学、算术、几何学、力学物理学、化学、天文学、地质学、生物学、社会学以及外国语知识等。第三种是种族保存(即教养子女)的活动。他要求研究生理学、心理学和教育学,以便正确地实施对儿童体育、智育和德育的教育。第四种是履行社会义务的活动。需要研究历史,研究"自然的社会史",即社会发展的现象。第五种是满足兴趣爱好和感情需要的休闲活动。他认为,人需要"自然、文学、艺术乐趣等,缺少了绘画、雕刻、音乐、诗歌……生活丧失了自己的一半精华"。斯宾塞关于教育内容的主张,虽然从资产阶级的功利主义出发,但它包含了很广泛的学科,在资产阶级的斗争中起了极大的作用。

在斯宾塞的教育目标论的基础上,教育研究和实践逐渐扩展了对教育目标的理解和规划。在20世纪,教育学家和心理学家们提出了更加具体和细化的教育目标,以满足社会对不同层次、不同领域人才的需求。例如,美国心理学家布卢姆(Benjamin Bloom)提出了知识、理解、应用、分析、综合和评价等认知层次的教育目标。他认为,学生应该通过不同层次的认知活动来发展他们的思维能力和知识结构。除了认知层次的目标,教育者们还越来越重视个体的情感、社交和道德发展。通过培养学生的情感智力、人际关系能力和道德观念,教育可以促进学生的个人发展和社会责任感。随着社会的不断变化和发展，教育目标也在不断演变和调整。现代教育目标强调培养学生的创新能力、创造性思维、跨学科能力和信息素养等，这些目标旨在使学生适应快速变化的社会和不断更新的知识领域。成果导向教育理念将这些教育目标纳入其框架中，以确保学生的学习成果和能力的发展。通过设置明确的学习目标并制定相应的教学和评估策略，成果导向教育旨在培养学生全面发展所需的知识、技能和态度。在实践中，教育者应该根据学生的特点和需求来设定适宜的教育目标，并设计相应的教学活动和评估方式。同时，教育目标也应该与社会需求和发展趋势相结合，以确保学生能够适应未来的工作和社会环境。综上所述，斯宾塞的教育目标论为教育目标的研究和规划提供了重要的思想启示。成果导向教育理念在此基础上发展，强调学生的学习成果和能力发展，旨在培养学生全面发展所需的知识、技能和态度。教育者应在实践中根据学生和社会需求来设定适宜的教育目标，并设计相应的教学策略，以促进学生的全面发展与个体潜能。

2．赫尔巴特的教育目标论

赫尔巴特（Herbart）是19世纪德国著名的哲学家、心理学家、教育家。他明确提出了把教育建成一门独立学科的设想，并提出了完整的教育理论体系，被称为“教育学之父”和“科学教育学的创始人”，主要的代表著作是1806年出版的《普通教育学》。

赫尔巴特也对教育目标进行了重要的研究和论述。赫尔巴特的教育目标论强调通过培养学生的能力和品格来实现教育的目标。赫尔巴特认为，教育的目标应该是培养学生的人格和道德品质。他提出的“文化的形成”是教育目标的核心概念，指的是通过教育过程使学生形成有益的品格和正确的价值观。赫尔巴特强调情感和道德的培养对于个体的全面发展至关重要。他认为，教育者应该注重培养学生的自律、责任感、良好的道德标准和良好的社会行为。通过培养良好的情感素质，学生可以更好地适应社会环境，建立良好的人际关系，并在生活中做出正确的选择。赫尔巴特的教育目标论注重教育的人本性质，强调学生的全面发展和价值观的培养，与成果导向教育理念的核心思想相契合。成果导向教育强调学生的学习成果和能力的发展，同时也关注个体的价值观、道德品质和社会责任感的培养。赫尔巴特的教育目标论为成果导向教育理念提供了一种关注个体发展和价值观培养的视角。教育者在实践中可以根据赫尔巴特的思想，重视学生的情感教育和道德教育，通过不同形式的教学活动和环境塑造，培养学生积极的情感态度和正确的价值观。同时，在教育目标的设定和实施中，也要将个体全面发展和实际应用的要求结合起来，使学生在学习成果的同时具备良好的品格和社会价值观。

赫尔巴特认为道德是教育的最高目的。教育目的分为可能的目的和必要的目的。可能的目的是指与儿童未来所从事的职业有关的目的，这也可以称为“多方面的兴趣”，即教师必须发展学生多方面的兴趣，使学生的各种能力得到和谐发展。必要的目的是指教育要达到的最高的目的，即道德。教育的根本目的是养成四种道德观念，即养成内心自由、完善、仁慈、公平四种道德观念。赫尔巴特强调系统知识的传授、课堂教学的作用、教材的重要性和教师的中心地位，形成了传统教育的“教师中心、教材中心、课堂中心”的特点。1927 年，赫尔巴特提出课程计划和目标引导教学行为的重要性，这与 OBE 教育理念中的先设计教学目标，根据教学目标设计具体的课程目标，再根据课程目标反向设计教学过程的思路相一致。

根据赫尔巴特的教育目标论，教育的目标应当涵盖智力和道德两个方面。在智力发展方面，教育应该注重培养学生的思维能力、创造力、解决问题的能力以及批判性思维等。这意味着教育不仅仅要传授知识，还要培养学生的思考能力和自主学习的能力，使其具备持续学习的能力。在道德发展方面，赫尔巴特主张培养学生的良好品德和社会责任感。他认为教育应该帮助学生明辨是非、培养道德意识，使他们能够成为具有社会道德价值观和良好行为习惯的公民。这种道德教育的目的不仅在于个体的道德成长，更重要的是为了社会的和谐发展和公共利益。为了实现这些教育目标，赫尔巴特主张采用系统性的教育方法，他强调教育应该有序、连贯，从易到难、由表及里地逐步培养学生的能力，这需要精心设计课程和教学活动，为学生创造有利于他们全面发展的学习环境。赫尔巴特的教育目标论在当今的教育实践中仍然具有指导和启示作用。教育者们可以从中获得教育目标的重要性和多样性的理解，进一步关注学生的个体差异，采取个性化教学的方法，以更好地满足学生的需求。同时，重视思维能力和道德教育，培养学生全面发展所需的品格和能力，以适应现代社会的挑战。

3. 泰勒的教育目标论

OBE 教育理念和目标模式一脉相承，提到目标模式，就不得不提到拉尔夫·泰勒（Ralph W. Tyler），他是美国现当代有名的课程理论家、实践家，也是现代课程理论的奠基人，是课程理论的集大成者。泰勒主义受实用主义哲学和行为主义的影响。19 世纪末至 20 世纪初，此时正逢“南北战争”后的重建期，改革风潮风靡全国，美国开始向德国学习先进的理论，照搬式的理论学习并不能满足美国社会的实际需要，美国社会开始从理论探索转向实践探索，这时实用主义哲学应运而生。行为主义心理学的创始人即是心理学家约翰·华生(John B. Watson)，它主要是一种刺激与反应的联结模式，行为主义是由实用主义派生而来的。泰勒借鉴了这两种理论，在 20 世纪 30 年代到 40 年代提出了包括教育评价和课程编制的泰勒模式，当时正值第二次世界大战期间，国家上下忙于战争，泰勒模式初步问世并未激起太大波澜。第二次世界大战结束后，广大退役士兵的安置成为难题，让他们尽快适应战后生活、解决他们就业或就学问题，尽快复苏教育迫在眉睫，这时泰勒模式被初步注意到。

泰勒认为教育目标应该是可以明确定义的，以便能够进行有效的评估和衡量。泰勒强调，教育目标应明确、可量化、可观察，并且能够被测量和评估。根据泰勒的教育目标论，教育目标应具备以下特点：第一，明确性：教育目标必须能够被清晰地定义和描述，以便学生和教师了解预期的结果。第二，可量化：教育目标应当具备可度量性，以便进行有效的评估和衡量，从而确定学生是否达到了目标。第三，可观察性：教育目标的达成应当能够通过可观察的行为或成果来体现。第四，可测量和评估：教育目标必须能够通过合适的测量和评估工具进行评估，以便确定学生学习的进展和成就。泰勒的教育目标论在教育领域中有着重要的影响，它强调了明确的目标设定和评估对于有效的教育实践的重要性。通过明确教育目标，教育者能够更好地指导学生的学习进程，学生也能更清晰地了解他们需要达到的目标，从而提高学习的效果和成果。

泰勒模式是 OBE 教育理念的理论基础，泰勒提出教学的四个问题：一是学校教育应该致力于实现哪些教育目标；二是为了实现这些教育目标应该选取哪些教育内容;三是如何有效学习这些教学内容以实现目标;四是如何评价教学内容的有效性。这四个问题是 OBE 教育理论的根基。除此之外,泰勒提出确定目标应该依据学生本身、现实生活需要、学科专家的意见。

泰勒有关教育目标的三大来源可概括为学生、社会和学科(或知识)三个方面。暂且不论他是否看到三者分别出自一系列有着不同的理论假设、有自己的立言人和追随者、有自己的一套表述方式的传统学派,且这种简单的折衷主义可能并不是从事理论概括最有效的方式,但诚如古德莱德(John I. Goodlad)所言,"泰勒模式"之所以被如此广泛接受,正是由于他试图接受所有这些学说,"把一组有关问题联系在一起,显得特别有用"。既然目标要从三个维度分析,相应地,以目标为基准的评估过程自然也需考虑三者,可以说,有什么样的教育目的、价值取向就有什么样的教育质量标准价值观。从"泰勒模式"中衍生的这一"三角模型",或可作为当前背景下我们分析教育质量的起点与框架。首先,从学生出发分析教育质量。学生是衡量教育水平高低和效果优劣的首要因素。其次,从社会出发分析教育质量。作为社会大系统中的一员,教育与政治、经济、文化等其他社会子系统息息相关。一方面,教育受这些因素的制约;另一方面,教育也对它们具有反作用。因此,要讨论教育质量,能否满足社会需求是一个不可或缺的评判因子。再者,从知识出发分析教育质量。现实中,人们往往习惯于凭借主观判断和情感体验理解教育质量,以升学率、考试分数等量化指标为评判依据,以水平的高低、优劣来表达看法。实际上,这就是从知识出发把握教育质量的体现。该观点认为,教育的基本功能在于对社会生产和生活知识的传承与创造,教育质量当以学生掌握知识的多寡、深浅(一说包含高校所产生科研成果的数量和质量)来权衡。对基础教育而言,知识本位的教育质量观,也常被称为“考试标准”。一所学校教育质量的高低,很大程度上是以考试成绩作为唯一的衡量标准。在教育系统内部,尤其当学生面临升学时,唯成绩论基本就是一条铁律。作为“三角模型”的顶点之一,知识与另外二者一样,作为分析教育质量的出发点之一无可厚非,问题在于“唯”字当头。在未能找到替代考试的更好形式之前,考试标准的存在是必要且必需的。当务之急是如何改革考试,使之更真实、确切地反映知识的传承与创造。总之,学生、社会和知识是一种相互依存、相辅相成的关系,其中,两两之间又相互影响、相互作用;三者缺一不可,共同构成衡量教育质量的“三角模型”。尽管在不同的历史时期、不同学段,对三者的侧重有所不同,各自分量似乎存在差异,但其内在联系不容抹杀。我们应以对立统一而非完全对立的眼光看待它们,在钟摆之间达到平衡。唯有如此,才能正确引领教育教学改革,提升教育质量,更好地发挥教育功能。

明确目标来源只是第一步工作。在此基础上,尚需进行筛选方能最终确定目标。对此,泰勒开创性地提出哲学和心理学这“两把筛子”。事实上,作为教育学理论研究和教育实践工作的基础,二者不仅对教育目标的筛选作出规约,其指导性可谓贯穿了整个教育过程。

二、 精熟教育

精熟教育是一种教育方法或理念,强调通过不断重复和练习来提高学生的技能和知识水平。它认为,通过反复练习,学生可以培养技能的自动化和深入理解,并提高记忆力。这种方法通常注重在基础知识和概念上进行不断的巩固和重复,旨在达到对学生有持久影响的程度。精熟教育强调个体化和自主学习。学生被鼓励自主探索和学习,同时教师起到引导和支持的作用。重复和练习可以帮助学生加深对学习内容的理解和应用能力,同时提高学习效果。

当涉及实施精熟教育时,一些关键元素可以帮助教育工作者最大化学生的学习效果。以下是一些值得考虑的要点:第一,不断重复和练习:提供学生与学习内容相关的多次机会进行练习和回顾。重复是精熟教育的核心,通过不断的反复练习,学生可以加深对知识和技能的掌握。第二,提供反馈和指导:及时提供学生的学习反馈,并为他们提供个性化的指导。这有助于学生识别和改正错误,提供额外的支持和指导,以确保他们理解和掌握学习内容。第三,引导自主学习:鼓励学生主动参与学习过程,并培养他们的自主学习能力。教师可以提供适当的资源和指导,并鼓励学生主动探索和发现知识。第四,创造积极的学习环境:为学生提供积极的学习环境,鼓励他们互相合作,分享经验和知识。这可以促进学生之间的互动和合作,增强他们的学习效果。第五,使用多种教学方法:灵活运用不同的教学方法和资源,以满足不同学生的学习需求。教师可以结合讲解、实践、讨论和应用等多种教学方式,提供更全面的学习体验。教育是一个持续发展的过程,教育工作者可以根据学生的反馈和需求进行调整和改进。精熟教育提供了一个强大的框架,但也需要根据实际情况进行个性化的修改。

然而,精熟教育并不是唯一的教育模式。每个学生都有不同的学习风格和需求,因此,其他教育方法可能更适合某些人。教育工作者应根据学生的需要和教学目标选择适当的教育策略。除此之外，精熟教育也是 OBE 教育理念产生的理论基础之一，精熟教育的内涵是促进每个学生精熟学习，教学评价也应该以学生精熟的内容为基础。精熟学习的概念强调，教学的目的在于促进每位学生能够精熟学习，评价的目标不是区别学生学习成就高低，而是促进所有学生的学习。为此，精熟学习的教学历程分为两个步骤：一是设定教学目标；二是教学、形成性评价与补救教学的步骤不断循环，直至完成学习目标。精熟学习理念的诞生促成了 20 世纪 80 年代初期美国成果导向学校联盟的产生。

三、 标准参照评价

1963 年格拉泽（Glaser）提出，根据学生的知识技能达到要求的程度，制定从熟练到优秀的不同评级，从而反映学生的学习效果，为学校和教师改革课程内容和教学方法提供科学的参考标准，这就是标准参照评价。其基本理念是，根据个别学生的知识、能力是否达到要求的程度，赋予其从不熟练到表现优异的不同评级，从而为学生的学习情况提供明确的资讯。学校和教师可以就此安排课程方案、进行教学改革以及评价课程效果。

在 OBE 的评价过程中，教育工作者会事先规定学生应该达到的学习目标和标准。这些目标和标准可以是明确的技能、知识和情感发展，也可以是综合性的任务和项目。教育工作者可以根据这些目标和标准来评估学生的学习成果。参照评价是 OBE 评价的一种方法，它通过将学生的学习成果与先前确定的标准进行比较，来评估学生的表现。这种评价方法侧重于结果和学习成果，而不仅仅关注学生的努力程度或过程。参照评价的好处是它可以提供清晰的反馈和指导，帮助学生了解他们的学习成果是否达到预期的标准。通过这种评价方法，学生能够更好地了解自己的学习能力和发展方向，并为进一步提高和成长提供支持。然而，OBE 和参照评价方法也有一些挑战和争议。其中，一个挑战是确定适当的学习目标和标准，以确保评价的公平性和有效性；另一个挑战是评价过程的标准化和一致性，以确保评价结果的可比性和客观性。尽管存在挑战，OBE 和参照评价方法在教育领域已经得到广泛应用，帮助学生和教育工作者更好地理解学习成果和发展需求。这种方法可以促进学生的自主学习和发展，并为教育政策提供可靠的数据和指导。

当实施 OBE 和参照评价时，下面是一些可考虑的要点：第一，明确学习目标：确定适当的学习目标和标准，以确保评价的准确性和有效性。这些目标应该是明确的、可量化的，以便与学生的学习成果进行比较和评估。第二，透明评价标准：确保评估标准对学生和教育工作者都是透明和可理解的。向学生解释清楚评估标准，并提供示例和指导，以帮助他们理解标准的期望。第三，多元化评估方法：使用多种不同的评估方法来评价学生的学习成果。这可以包括书面考试、口头演讲、项目作品、实践表现等多种形式，以更全面地了解学生的能力。第四，提供即时反馈：及时向学生提供反馈，帮助他们了解他们的学习成果和改进的领域。这可以激励学生，并帮助他们进行自我反思和改进。第五，个性化学习支持：根据学生的不同学习需求和发展阶段，提供个性化的学习支持和指导。教师可以根据学生的评估结果提供额外的支持和资源，以帮助学生达到预期的学习目标。第六，定期评估和调整：定期进行评估，并根据评估结果进行调整和改进。这有助于整体教育过程的持续改进，并确保学生能够获得最佳的学习机会和支持。教育工作者应根据具体的教学目标、学生特点和教学环境选择适当的评价方法，并结合其他教学策略，以促进学生的全面发展和学习成果的实现。

四、能力本位教育

20世纪60年代末，美国就业市场发生巨变，人们对学校教育能否提供适合学生未来生活的职业和角色心存怀疑，能力本位教育观念即是在当时特定背景下产生的。能力本位教育强调学校和教师应当定立学习成果目标以统整教学经验及其测评，范德豪特（Jonathan Van der Host）与麦克唐纳德（Lary McDonald）据此提出了能力本位教育的六项关键能力：精确的学习成果产出及其评价标准；灵活的时间用以掌握这些技能；形式各样的教学活动助导学习；调整学程确保对每一位学习者进行适宜引领；对成果进行阶段性标准测验；对最终学习成果进行认证。

能力本位教育是一种以发展学生能力为中心的教育理念。它强调学生的实际应用能力和解决问题的能力，而不仅仅注重知识的传授。这种教育方法鼓励学生主动参与学习过程，培养他们的批判性思维、创新能力和团队合作能力。能力本位教育注重培养学生的实践技能，使他们能够更好地适应职业发展和未来的社会需求。这种教育方法常常强调学生的主动学习和自主发展，鼓励学生在学习中探索和尝试新的方法和策略。尽管知识依然是重要的基础，但能力本位教育更加注重学生的实践运用和综合能力的培养。这种教育方法可以帮助学生更好地应对现实生活中的挑战，并为他们的未来发展做准备。

当学校采用能力本位教育时，教师在教学中会更多地注重学生的个体差异和潜力发展。他们通过不同的教学方法和评估方式，为每个学生提供适合的学习机会和挑战。这种个性化的学习环境可以激发学生的学习兴趣和动力，提高他们的学习成绩和能力发展。同时，能力本位教育也鼓励学生积极参与实践和社会实践活动，以培养他们的社会责任感和公民意识。学生们可以通过志愿服务活动、社区活动、实习等方式，将所学知识和技能应用于实际生活中，提升他们的实践能力和人际交往能力。这种教育方法还注重培养学生的创新能力和解决问题能力。学生们被鼓励思考和提出问题，并通过分析和解决实际问题，培养他们的批判性思维和创造性思维。这种培养方法可以帮助学生更好地适应不断变化的社会和职业环境，并在面对复杂的挑战时保持灵活性和适应性。总的来说，能力本位教育强调学生的能力发展和全面素质的培养。它帮助学生建立自信和积极的学习态度，让他们具备探索、创新和解决问题的能力，成为适应未来社会需求的全面发展的个体。

五、高等教育投入—过程—产出论

高等教育质量可以通过投入、过程及产出这三个部分和层级进行评量。赞成高等教育质量投入决定论的学者大多关注高等教育的财政支持、人力资源等条件，并用经济理性思维评判投入对于高等教育质量的贡献程度。赞成高等教育质量过程决定论的学者将研究视角集中在高等教育体系的组织建构、机制运行等方面，认为高等教育质量提高需要对各种资源进行有效分配和高效使用，并应由特设的组织机构通过完善制度和机制这一调节阀进行保障与实施。梳理我国高等教育史可以发现，我国高等教育质量评价经历了由投入论到过程论的巨大转变，反思了高等教育在整体建构上的不足及对应有价值追求的缺失。

投入论到过程论的转变过程可以由我国进行的教学评估实践作为例证。我国高等教育教学评估按照时间节点先后进行了合格评估、水平评估以及审核评估三种不同的评估形态。虽然这三种不同类型的评估互有穿插，但隐藏其背后的评估理念值得关注。合格评估与水平评估较多以各高校资源投入程度为评估重点，旨在强化高等教育办学的投入力度，遵循的是高等教育质量教学评价的投入论。审核评估则以督促高校建立内部质量保障体系为核心，重点观测学校质量体系运行机制以及成熟程度，倡导的是高等教育教学的过程论。

按照这一理论，高等教育的投入指的是用于支持教育机构和学生的资源、资金和时间等方面的成本。投入越多，理论上应该能够取得更好的产出。这些投入可以包括教师的薪酬、设施的建设、教育技术的使用等方面。高等教育的过程指的是学生在高等教育机构接受教育的过程，这个过程涉及学生的学习、参与课堂活动、完成作业和项目、参与实习等等。学生在这个过程中会通过与教师和同学互动、研究和实践来获取知识和技能。高等教育的产出指的是学生在接受高等教育后所展现出的能力和知识，以及对个人和社会的贡献。这些产出可以包括学生的学术成绩、职业发展、计划创业、参与社区服务等方面。高等教育的产出还可以涉及创新、就业机会、经济增长和社会发展等方面的影响。高等教育投入－过程－产出论认为，高等教育的投入应该能够产生积极的影响，包括提高个人的就业能力、增加个人收入、促进社会发展和经济增长等。然而，对这个理论也有一些争议，许多人认为它过于强调经济效益，而忽视了教育的终身价值和学生全面发展的重要性。

过程论较投入论的进步意义在于前者是对后者的修正、完善与补充，但两者面临的共性问题是其追寻的价值目标和高等教育本质目标有一定的偏差。投入论与过程论主张资源的有效配置与机制的有效运转。这种配置和运转虽对学生群体应具有的状态和学习效果有所涉及，但本质上还是围绕学校硬件和教师群体为中心展开。而高等教育作为一种社会活动区别于其他事物的本质属性就在于人的培养，进一步而言，高等教育应当遵循以学生为主体的本位观理念。高等教育质量评价的产出论切合高等教育价值目标追求，倡导以学生学习成果为逻辑起点对教育理念和教学体系进行设计，这一点正是 OBE 教育理念的核心所在。

第二章　成果导向教育理念(OBE)的概述

第一节　什么是成果导向教育

一、成果导向教育的定义

成果导向教育理念（OBE）一般也被称为产出导向、成果导向或者目标导向性教育理念，它是由美国首先提出的。当时作为教育强国的美国，教育在科技方面的贡献及表现并不突出，如人造地球卫星由苏联抢先发射成功等，因此，人们开始反思教育的实用性以及教育成果的重要性。OBE 作为一种先进的教育理念，逐渐成为美国、英国、加拿大等国家教育改革的主流理念。成果导向是一种基于学习产出的教育模式，它是一种反向设计，即先设定培养目标，然后设计培养方案，最后是评价，并持续改进教育过程以便达成学习目标，最早出现于美国和澳大利亚的基础教育改革。具体到体育教育中，成果导向是指经过一段时间的体育课，使学生在技能、知识、情感、态度、价值观方面收获一定的学习成果，这种成果既包括身体运动能力，也包括心理素质调节能力。1994 年，《成效基准理念的教育》在美国出版。斯派迪提出一个 OBE 教育理念的金字塔结构，该结构由一个范例、两个教学目标、三个前提、四个执行原则、五个实施要点组成（如图 1 所示）。该书作者斯派迪指出：基于成效的教育是以每个学生都能展示出来的学习经验来运行的教育系统。成效是指我们希望学生能够通过学习经验而展示的清晰的学习结果。同时他还强调，学生的学习成果比学习方法更重要。总的来说，OBE 是指：教学设计和教学实施的目标是学生通过教育过程最后所取得的学习成果。OBE 强调如下四个问题：第一个问题是我们想让学生取得的学习成果是什么；第二个问题是我们为什么要让学生取得这样的学习成果；第三个问题是我们如何有效地帮助学生取得这些学习成果；第四个问题是我们如何知道学生已经取得了这些学习成果。这里所说的成果是学生最终取得的学习结果，是学生通过某一阶段学习后所能达到的最大能力。

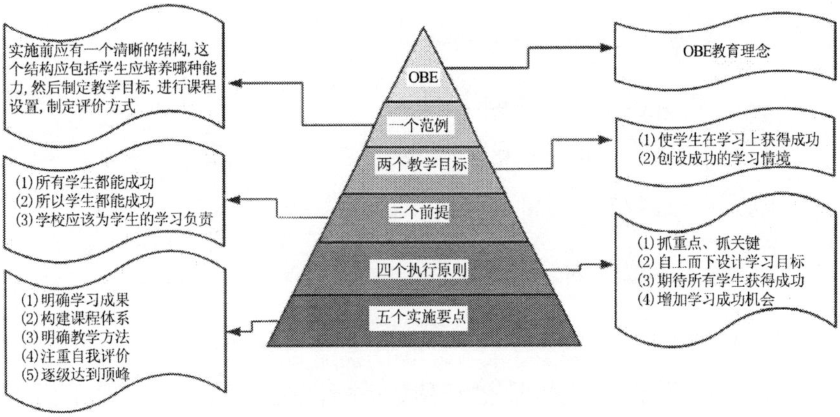

图 1　成果导向金字塔

二、成果导向教育的特点及内涵

1. 成果导向的特点

成果导向具有如下 6 个特点：

（1）成果并非先前学习结果的累计或平均，而是学生完成所有学习过程后获得的最终结果。

（2）成果不只是学生相信、感觉、记得、知道和了解，更不是学习的暂时表现，而是学生内化到其心灵深处的过程历程。

（3）成果不仅是学生所知、所了解的内容，还包括能应用于实际的能力，以及可能涉及的价值观或其他情感因素。

（4）成果越接近“学生真实学习经验”，越有可能持久存在，尤其是经过学生长期、广泛实践的成果，其存续性更高。

（5）成果应兼顾生活的重要内容和技能，并注重其实用性，否则会变成易忘记的信息和片面的知识。

（6）“最终成果”并不是不顾学习过程中的结果，学校应根据最后取得的顶峰成果，按照反向设计原则设计课程，并分阶段对阶段成果进行评价。

2. 成果导向的内涵

要从以下 5 个方面深刻地理解 OBE 的内涵：

（1）OBE 强调人人都能成功。所有学生都能在学习上获得成功，但不一定同时或采用相同方法。而且，成功是成功之母，即成功学习会促进更成功地学习。

（2）OBE 强调个性化评定。根据每个学生个体差异，制定个性化的评定等级，并适时进行评定，从而准确掌握学生的学习状态，对教学进行及时修正。

（3）OBE 强调精熟。教学评价应以每位学生都能精熟内容为前提，不再区别学生的高低。只要给每位学生提供适宜的学习机会，他们都能达成学习成果。

（4）OBE 强调绩效责任。学校比学生更应该为学习成效负责，并且需要提出具体的评价及改进的依据。

（5）OBE 强调能力本位。教育应该提供学生适应未来生活的能力，教育目标应列出具体的核心能力，每一个核心能力应有明确的要求，每个要求应有详细的课程对应。

可见，OBE 要求学校和教师应该先明确学习成果，配合多元弹性的个性化学习要求，让学生通过学习过程完成自我实现的挑战，再将成果反馈来改进原有的课程设计与课程教学。成果导向教育能够衡量学生能做什么，而不是学生知道什么，前者是传统教育无法做到的。例如，传统教育衡量学生的常用方法是，从几个既定答案中选择出一个正确答案。这种方法往往只能测试出学生的记忆力，而不能让学生展示出他们学会了什么。也就是说，重要的是理解而不是记忆。对内容的理解所体现的认知能力，比对内容的记忆所体现的记忆能力重要得多。

OBE 要求学生将掌握内容的方式，从解决有固定答案问题的能力拓展到解决开放问题的能力。OBE 还要求学生通过具有挑战性的任务，如提出项目建议、完成项目策划、开展案例研究和进行口头报告等，来展示他们的能力。这样的任务，能让学生展示思考、质疑、研究、决定和呈现的能力。因此，OBE 是将学生置于发展他们的设计能力到完成一个完整过程的环境之中。OBE 更加关注高阶能力，如创造性思维的能力、分析和综合信息的能力、策划和组织能力等。这种能力可以通过以团队的形式完成某些比较复杂的任务来获得。

三、成果导向教育的实施原则

OBE 的实施原则如下：

1. 清楚聚焦

课程设计与教学要清楚地聚焦在学生完成学习过程后能达成的最终学习成果，并让学生将他们的学习目标聚焦在这些学习成果上。教师必须清楚地阐述并致力于帮助学生发展知识、能力和境界，使他们能够达成预期成果。清楚聚焦是 OBE 实施原则中最重要和最基本的原则，这是因为：第一，可协助教师制定一个能清楚预期学生学习成果的学习蓝图；第二，以该学习蓝图作为课程、教学、评价的设计与执行的起点，与所有的学习紧密结合；第三，无论是教学设计还是教学评价，都是以让学生能充分展示其学习成果为前提；第四，从第一次课堂教学开始直到最后，师生如同伙伴一样为达成学习成果而努力分享每一时刻。

2. 扩大机会

课程设计与教学要充分考虑每个学生的个体差异，要在时间和资源上保障每个学生都有达成学习成果的机会。学校和教师不应以同样的方式在同一时间给所有学生提供相同的学习机会，而应以更加弹性的方式来配合学生的个性化要求，让学生有机会证明自己所学，展示学习成果。如果学生获得了合适的学习机会，相信他们就会达成预期的学习成果。

3. 提高期待

教师应该提高对学生学习的期待，制定具有挑战性的执行标准，以鼓励学生深度学习，促进更成功的学习。提升期待主要有三个方面：一是提高执行标准，促使学生完成学习进程后达到更高水平；二是排除迈向成功的附加条件，鼓励学生达到高峰表现；三是增设高水平课程，引导学生向高标准努力。

4．反向设计

以最终目标（最终学习成果或顶峰成果）为起点，反向进行课程设计，开展教学活动。课程与教学设计从最终学习成果（顶峰成果）反向设计，以确定所有迈向高峰成果的教学的适切性。教学的出发点不是教师想要教什么，而是要达成高峰成果需要什么。反向设计要掌握两个原则：一是要从学生期望达成的高峰成果来反推，不断增加课程难度来引导学生达成高峰成果；二是应聚焦于重要、基础、核心和高峰的成果，排除不太必要的课程或以更重要的课程取代，才能有效协助学生成功学习。

四、成果导向教育的实施要点

OBE 的实施要点，或者说关键性步骤，具体如下：

1．确定学习成果

最终学习成果（顶峰成果）既是 OBE 的终点，也是其起点。学习成果应该可清楚表述和可直接或间接测评，因此往往要将其转换为成绩指标。确定学习成果要充分考虑教育利益相关者的要求与期望，这些利益相关者既包括政府、学校和用人单位，也包括学生、教师和学生家长等。

2．构建课程体系

学习成果代表了一种能力结构，这种能力主要通过课程教学来实现。因此，课程体系构建对达成学习成果尤为重要。能力结构与课程体系结构应有一种清晰的映射关系，能力结构中的每一种能力要有明确的课程来支撑，换句话说，课程体系的每门课程要对实现能力结构有确定的贡献。课程体系与能力结构的这种映射关系，要求学生完成课程体系的学习后就能具备预期的能力结构（学习成果）。

3. 确定教学策略

OBE 特别强调学生学到了什么而不是教师教了什么，特别强调教学过程的输出而不是输入，特别强调研究型教学模式而不是灌输型教学模式，特别强调个性化教学而不是“车厢”式教学。个性化教学要求教师准确把握每名学生的学习轨迹，及时把握每个学生的目标、基础和进程；按照不同的要求，制定不同的教学方案，提供不同的学习机会。

4. 自我参照评价

OBE 的教学评价聚焦在学习成果上，而不是在教学内容以及学习时间、学习方式上。采用多元和梯次的评价标准，评价强调达成学习成果的内涵和个人的学习进步，不强调学生之间的比较。根据每个学生能达到教育要求的程度，赋予从不熟练到优秀等不同的评定等级，进行针对性评价，通过对学生学习状态的明确掌握，为学校和教师改进教学提供参考。

5. 逐级达到顶峰

将学生的学习进程划分成不同的阶段，并确定出每个阶段的学习目标，这些学习目标是从初级到高级，最终达成顶峰成果。这将意味着，具有不同学习能力的学生将用不同时间，通过不同途径和方式，达到同一目标。

五、 成果导向教育的发展过程与趋势

前文介绍了 OBE 教育理念诞生的实践基础和理论基础，

OBE 教育理念是在学生学习成果的基础上产生的教育，OBE 教育理念是目标理论的衍生物，在目标运动中行为主义因其烦琐复杂的实施过程遭到批判，同时基于行为主义的目标课堂也不断被批判。以时间为导向，溯源成果导向的形成过程，大致可以分为以下几个阶段：

1. 20 世纪 60 年代至 80 年代——第一轮弘扬、批评与复兴

1957 年，苏联发射了第一颗人造卫星并成功进入地球轨道。这对美国社会产生了巨大的冲击，美国将其在太空竞赛中落后的主要原因归结到教育系统。因此，美国政府遂大力干预教育和培训，大量资金被用于教育。随后的辩论和研究大大推进了 OBE 的发展及其在学校和教师培训中的实施。首次倡导 OBE 的浪潮在 20 世纪 70 年代初达到了高潮。早期 OBE 的理论基石是行为主义（Behaviorism），如沃森（Watson）、巴甫洛夫（Ivan Petrovich Pavlov）、桑戴克（Edward Lee Thorndike）和斯金纳（Burrhus Frederic Skinner）等实验心理学家的著作所述，他们的理论兴趣集中在可观察的行为上。

到了 20 世纪 70 年代中期，这股潮流转向行为目标课程模式。斯腾豪斯（Stenhouse）是这一时期非常有影响力的 OBE 批评者，斯腾豪斯在 1975 年提出：教学中心应该是学生，应该从学生自身引出知识，而不是可衡量的成果，不能将学生学习成果强加于学生的学习行为。他认为，OBE 未能将影响价值观、洞察力和判断力发展的教育过程纳入严格关注行为目标的课程模式中。当学生在情感、社会、文化、美学或道德方面从经验中学习时，不可能明确目标或客观地评估目标，但这并不意味着此类学习并不重要。

OBE 的复兴始于 20 世纪 80 年代。1981 年，为解决美国实

践过程中面临的问题，斯派迪提出了 OBE 的教育理念，但斯派迪倡导的 OBE 并没有基于任何新的理论，反而在某些方面更具限制性，尤其是在影响（态度、情感和价值观）方面，斯派迪承认它们（态度、情感和价值观）的重要性，但认为它们是结果的先决条件，并且由于这些目标不可直接观察，所以被斯派迪排除在目标之外。

2. 20 世纪末——第二轮倡导

20 世纪末至 21 世纪初，OBE 在许多国家成为教育改革的焦点之一，经历了第二轮倡导。在这一时期，OBE 被视为一种回应社会变革和教育需求的方法，其核心理念是将学习的重点从纯粹的知识传授转向学生实际获得的能力和技能。OBE 强调学生能够在现实生活中应用所学知识的能力，鼓励他们的主动学习、问题解决和批判性思维。OBE 的第二轮倡导强调了以下几个关键方面：第一，学习成果的定义：OBE 强调明确定义学习成果，即学生应该掌握的能力和技能。这些学习成果需要与实际应用相关，能够帮助学生解决现实问题并为未来的职业发展做准备。第二，学习评估的改变：OBE 提倡改变学习评估的方式。传统的基于记忆和应试的评估方法不再被看作是唯一有效的方式。相反，OBE 倡导使用更灵活多元的评估方法，如项目作业、实践经验和综合评估，以更好地检验学生的实际能力和成果。第三，学生参与和自主学习：OBE 强调学生的主动参与和自主学习。学生被鼓励发展批判性思维和解决问题的能力，他们需要在真实情境中运用所学知识，培养协作和沟通的技能。第四，教学方法和资源的改变：OBE 推动了教学方法和资源的改革。教师不再仅仅是知识的传授者，而更多成为学生学习的引导者和合作者。多媒体技术和互联网的发展使教学资源更加丰富和多样化，帮助学生更好地实现学习目标。

受斯派迪启发，哈登（Harden）等人将 OBE 描述为“以绩效为基础的最前沿方法（它为教育改革和管理提供了一种强有力且具有吸引力的方法）”。在同一时期，美国医学院协会（AAMC）的医学院目标项目（MSOP）发表了一份提倡基于竞争的教育报告；研究生医学教育认证委员会（ACGME）和美国医学专业委员会共同商定了六项能力，用于医学专业认证。哈登的同事们认为，OBE 是一种有远见的教育新方法：从课程内容和结构、教学和学习活动、教育环境和课程评估等方面，逻辑上皆遵循明确的结果。首先，确定学习成果，明确并传达给所有相关人员；其次，教育成果是决定课程的首要问题。在这一时期，OBE 开始走向国际，南非、澳大利亚等国家开始 OBE 教学实践。

尽管 OBE 的第二轮倡导在不同地区取得了一定的成功，但也面临了一些挑战和批评。其中，对学习成果的定义和评估方法的制定需要大量的研究和讨论。对于教师和学校来说，采用 OBE 意味着需要进行教育模式和教育资源的调整。此外，OBE 也引发了对教育公平和学生个体差异的关注。

3. 新千年时期——在批评中应用

21 世纪前 10 年的研究，多为具体学科领域中对学习成果（能力目标）的明确，换句话说，这一时期对 OBE 的研究主要是对 OBE 如何应用进行探索。例如，美国的一项医学课程组定义了 12 个关键成果领域，这些领域被细分为 86 个学习成果，让各个学校根据课程需求进一步细分。后续的研究表明，即使是课程风格迥异的学校也可以就学习成果达成共识。随着理论与实践的逐渐完善，OBE 得到了国际教育界的关注和认可，如 2005 年中国香港地区高校和中国内地高校，也开始将 OBE 应用于教学中。

2010年，库克(Cooke)等人发表了一份有影响力的报告，认可了以成果为导向的课程开发方法，这份报告建议广泛采用OBE，并要求项目负责人对学习者提出明确、渐进的期望。根据这份报告，项目负责人必须确定学习者已经达到了标准化的能力标准，并且对学习者的评估必须是综合累积的，包括专业的形成、正式的知识和表现、形成性反馈、指导以及各级发展能力的总结性认证。

在大力支持OBE的同时，这份报告指出了两个重要的尚未解决的问题：第一个问题是如何定义和评估人本主义、问责制和利他主义，这是个人独有的，因此很难与OBE框架协调一致；第二个问题是当能力以“足够好”的表现为目标时，如何促进卓越，毕竟“足够好”还“不够好”。

当OBE被广泛采用的同时，批评意见也层出不穷。雷斯(Rees)认为，关注课程的结果而不是教育过程，与良好的教育实践是对立的。库克(Cooke)、霍奇斯(Hodges)等人认为，OBE几乎完全用评估和问责制来表示，与教学和学习几乎没有直接联系。中国台湾学者对OBE的批评归纳成了5个方面：(1)对不同背景的学生、不同品质的学校实施标准化评价有失公允；(2)预设的能力水准对不同学生可能不适用；(3)缺少足够多的实证研究表明OBE有效；(4)实施OBE会增加教师和学校的负担；(5)在实施过程中，容易将其他教学改革方案捆绑在一起。

OBE教育理念从提出到发展经历了几个关键时期(如图2所示)。成果导向教育在很多国家得到了广泛应用，学生学习成果评估也成为美国高校评估中的重要内容。从图中可以看出OBE理念虽然很早就被提出了，但传到我国并对我国教育发挥作用的时间却很短，因此还存在很大的探索空间。OBE从提出到现在也经历了很多变化，美国的教育背景与我国教育现状也存在很大差别，OBE 教育理念必须“中国化”后才能对我国教育改革发挥较好的作用。国内有学者在调研时发现各个就业岗位的实际需求远远大于应届毕业生的实际水平，学生应该具备的就业能力匮乏，这表明学校培养目标制定得不够科学规范，培养目标是学校层面的，它是人才培养的最终结果，主要是学校所期望的学生毕业时应达到的标准，是广义的目标，应该包括知识、情感态度价值观、技能三个方面；培养目标之下应该是专业层面的专业目标，专业目标是培养目标的具体化，主要是学生所学习的专业期望的目标应达到的标准；专业目标之后是具体的课程目标，课程目标是专业目标的进一步具体化，它主要是每节课结束后学生应取得的成果。汕头大学将前两个目标的制定称为顶层设计，并采用全员参与的方式进行，大大提升了毕业生的能力，满足了就业岗位需求，为国内其他高校引进并实施 OBE 教育理念提供了良好的开端。国外成果导向理论的应用逐渐趋于成熟，但是我国引入成果导向的时间很短，虽然曾有许多学者对成果导向进行研究，但大多数研究都是理论层面的，实践经验少，还存在很大的研究空间。

因此，OBE 未来在我国的发展应该集中于以下两个问题。第一是学生学习成果的界定，学生是学习的中心，但是在改革过程中，学生的学习成果很难界定，学习成果应该是具体的、明确的，但是太过具体就会使教学变得僵硬，范围太大又不好测量评价，这是国内目前推行 OBE 最主要的困难；第二是 OBE 理念应与我国教育现状和学科特点相适应，国内外教育现状不同，国内学习 OBE 教育理念时应该和我国国情相结合，如何将成果导向融入具体学科中是今后很长一段时间内应该考虑的。

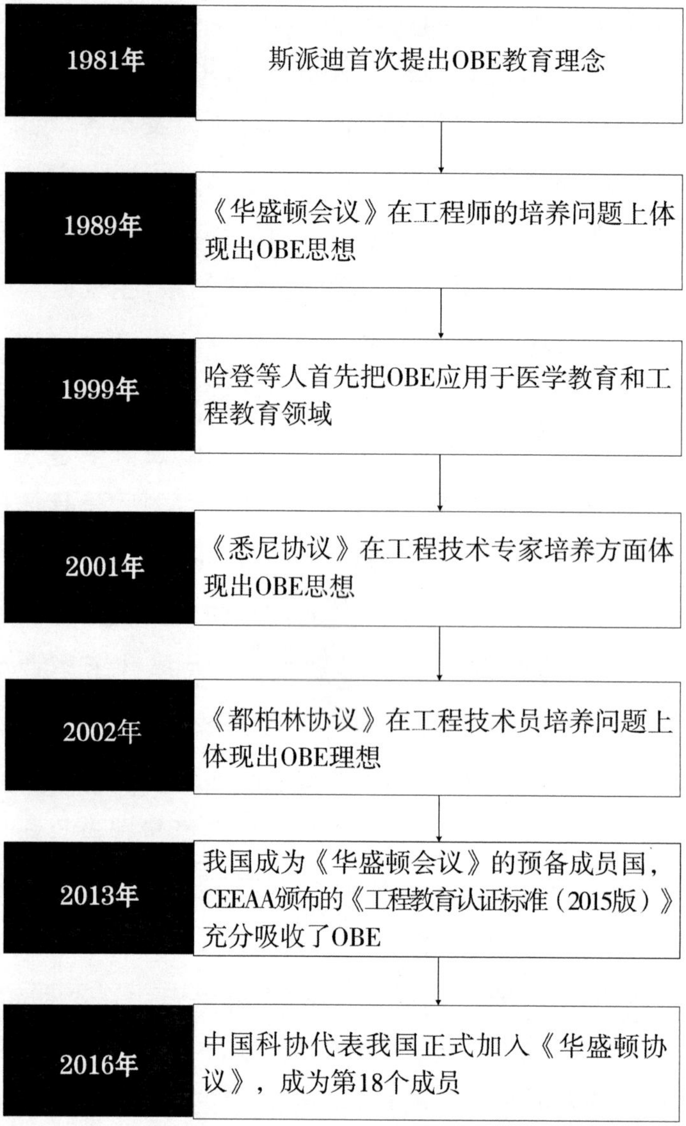

图 2　OBE 教育理念发展的关键时期

第二节　学生学习成果的界定

一、学习成果导向教育新范式

2004年，第一次正式的博洛尼亚研讨会在英国爱丁堡赫瑞瓦特大学（Heriot-Watt University）召开，本次会议的议题是"学习成果应用"。从此以后，人们关于这一话题的兴趣有增无减，许多有关这一话题的国际、国家研讨会相继举行。学习成果这一概念在博洛尼亚提出之初并没有得到足够重视，如今，学习结果已被确定为欧盟教育改革的基本构件和核心。

学习成果是指学习者在完成一段时间的学习后，被期望知道、理解和能够做什么的陈述，其明确主张学习的结果由学习成果界定。学习成果重在描述学习者的成就，而不是老师在一个模块或课程中用目标表达的意图。学习成果可以采取多种形式，在性质上可以是广义的，也可以是狭义的。它们通常是按照知识、技能、能力、态度和理解的混合形式来定义，是一个人成功经历某一类型教育而取得的结果。在现实中，学习成果的功能不止这一点，它们还是表达和描述课程（模块、单元和资格）以及博洛尼亚资格框架中资格分类与等级的一个特定的方式方法。

在1999年初的博洛尼亚宣言和2001年布拉格公报中，并没有提到学习成果。但从此以后，学习成果出现在每一个新的部长级公报中，在伦敦宣言中，涉及学习成果的独立段落超过4个。人们普遍认为学习成果在欧盟教育突破性创新与改革的实践中将逐步发挥越来越重要的作用。为更好地理解学习成果在博洛尼亚进程的目前阶段的作用，探索各部长级公报提及的学习成果是极其有价值的：

“部长们鼓励成员为高等教育体系制定具有可比性、可兼容性的资格框架，这应该努力按照工作负载、等级、学习成果、能力来描述资格。他们也将承担制定欧洲高等教育区域（the European Higher Education Area, EHEA）总体资格框架的责任。（柏林公报，2003）

“我们在欧盟高等教育区域（EHEA）中采用总体资格框架，包括三个阶段周期、基于学习成果和能力的每个阶段周期的一般描述以及周期中第一和第二阶段的学分范围。（卑尔根公报，2005）

“我们强调课程改革的重要性，以使资格更好地适应劳动力市场和社会公民进一步学习的需要。未来应努力去除学习周期之间进入和进步的壁垒，以及基于学习成果和学生工作负载有效实施欧盟学分转移和累积系统（the European Credit Transfer and Accumulation System, ECTS）。

“资格框架是实现 EHEA 可比较、透明以及促进学习者在高等教育系统之内或之间进行流动的重要工具。他们也帮助高校开发基于学习成果和学分的模块与学习方案，提高资格以及各种形式的先前学习的认可。

“我们敦促机构在基于学习成果的课程创新过程中，进一步加强与雇主的合作伙伴关系。

“为了促进学生为中心、学习成果导向学习的更好发展，下一步应采取措施着力解决国家资格框架、学习成果与学分、终身学习和以往学习认可等一体化整合的问题。”

上述论述给我们呈现以下学习成果不断得到重用的清晰轨

迹:起初在2003年,部长们期望学习成果能用于描述资格;2005年,他们被用作欧洲高等教育区域(EHEA)三个阶段周期(其构成EHEA总体的资格框架)中一般“都柏林描述符”(Dublin Descriptors)的基础构件;2007年5月,学习成果使用得到进一步强调并扩大到以下多个领域的应用:定义欧洲学分转移和累积系统(ECTS)学分、支撑课程改革与创新、描述模块和学习方案以及促进以学生为中心的学习成果导向学习。至此,学习成果已经从教育改革的外围工具到成为实现欧洲高等教育突破性创新与改革的红线纽带和中心要件。

博洛尼亚改革以许多不同的方式拥抱学习成果。人们认为,整个博洛尼亚进程就是学习成果不断应用、不断更新的过程,并且其过程是系统、复杂和烦琐的。联合质量计划的专家们制定的“都柏林描述符”已被教育部长们采纳并作为欧洲高等教育区域资格框架的重要构成。依据“都柏林描述符”,博洛尼亚进程参与国积极创建具有新范式的国家资格框架,并使用学习成果描述各类资格和各级学位,建立各领域的标杆。总体而言,这些外部参考点又恰好与新产生的国家质量保证框架(根据欧盟质量保证协会制定的“欧洲高等教育区域质量保证标准与准则”而制定)相一致,因为在国家质量保证框架中明确要求国家资格框架使用学习成果。同样,学习成果的应用也为文凭补充(Diploma Supplement)、ECTS等认可工具注入了新的活力。最后,博洛尼亚改革的最终产品——更完美的资格,也期望从基于学习成果的突破性课程创新与改革中产生。可以说,通过应用学习成果方法,一个新的、统一的欧洲教育基本框架正在构建,其旨在使欧洲教育系统更高效、更具竞争力、更具兼容性和比较性,同时尊重学术自主和满足不同国家以及其各类教育组织机构多样性的需求。

学习成果是教育范式转变的核心，其已影响到欧盟所有教育部门，也包括职业教育子系统。由于能力是学习成果的重要构成，因此，早先实施能力本位教育的国家，如荷兰、英国、法国和德国，开展学习成果导向职业教育改革就有着良好的基础。可以说，不但在欧盟众多国家，甚至在全球来说，在基于成果导向的教育改革方面，职业教育子系统一直扮演先锋的角色，其改革强大驱动力，除本性使然外，来源于实现以下目标的强烈愿望：使职业教育成为学生更具吸引力的选择，创造通向更高一级教育（包括高等教育）的更好路径和途径、提高劳动市场的相关性和职业教育供给的质量保证，提高资格的透明度，以支持全球跨国间相互认同。在欧盟众多国家，职业教育的资格已纳入整个国家资格框架内，因此，学习成果对于职业教育子系统的重要性是不言而喻的。

另外，学习成果在一定程度上影响着除欧盟以外的其他国家的教育，如美国、澳大利亚等国家，分别以“学习成果”和“撰写学习成果”为关键词，通过谷歌进行有关搜索，发现前者有46200000条结果、后者有3670000条结果。尽管这一发现也许不能准确反映学习成果对世界范畴内教育的深刻影响，欧洲职业培训发展中心（CEDEFOP）对学习成果这一概念所进行的大量系统性、开创性的研究及其成果，以及经济合作与发展组织（OECD）正在积极开展学习成果评价的国际比较研究及其成果等，都有力支持这些发现。

欧盟众多国家正越来越多地应用学习成果来制定本国教育和培训系统的总体目标以及定义与描述资格，并且有一种从注重教育输入（包括获取资格规定的学期、学习场所、教学内容等）

到注重教育输出,即向学习成果转变的强烈趋势。

整体而言,欧盟教育应用学习成果有许多动机,包括使资格及其框架更精确和更具透明性、为学习者提供明确信息、定制教育以满足学习者个性化需求、提高劳动力市场与就业的链接、推进认可、提供职业教育和高等教育的无缝对接、改革课程等。尽管应用学习成果将带来颇多利益,但过于理想化和追求短期效果以及对应用学习成果采取简单化操作,都是极其危险的,难以实现预期目标。学习成果仅仅是一种工具和方式方法,假如要将学习成果的潜力充分发挥出来,必须结合其他改革配套运用。学习成果应用确实代表教育机构之中的巨大的文化变革。

学习成果的潜力和广泛的意义才刚开始被释放。它们的导入旨在彻底改变现有的资格框架以适应21世纪社会经济发展和人的全面发展的需要。可以说,博洛尼亚的最终产品是基于学习成果更好的资格设计,而不仅仅是新的教育结构。对于这种自下而上的改革,人们普遍认识到,需要对负责资格创新和维护的各院校进行根本性的变革。实践证明,教育从注重传统的输入方法转换成基于学习成果构思、验证、监测和描述资格,其过程是缓慢而艰难的。应用学习成果的利益是可以预见的,但要真正做出使用学习成果的决策的确是不容易的。

1962年,托马斯·库恩(Thomas S. Kuhn)出版专著《科学革命的结构》,提出科学发展中的"范式转换"(Paradigm Shift)理论:范式与范式之间具有不可通约性,因此,新范式替代旧范式必然伴随着一场科学革命。换言之,科学发展不是累积、堆栈的,而是范式转换的结果,科学发展中的进化时期要被急剧的、革命的转折所代替,转折造成"渐进过程的中断",并为自身开创新的、更高级的发展阶段。范式转变是一种思维方式到另一种思维方式的转换，是在一系列推动力量的作用下发生的思维变化。学习成果的提出，就是在应对全球化的迫切需求的推动下，发生的博洛尼亚教育范式转变的一个基本内容。它们处于一场教育革命的核心位置，这场革命虽然正在慢慢孕育，但已开始产生深远的影响。对此，根据以上论述，基于学习成果的教育，要求我们做到以下几点：

1. 明确教学目标，以培养目标为起点，反向思考教育过程

OBE 教育理念强调教学目标的明确，以培养目标入手反向思考整个教育过程。清华大学最初在实践中接触到 OBE，契机在于近几年美国工程教育认证体系 ABET 在清华工科专业中的认证试点，ABET 采用了 OBE 理念，要求工程教育各专业对核心课程的设立进行学习成效的分析，该理念对工程教育课程质量成功地起到保障作用。英国的高等教育质量保障机构(QAA)，澳大利亚、新西兰、南非和香港等地高等教育质保体系的建设也都陆续引入 OBE 教育理念。我国传统教育理念中通常把目标放在最后一个环节，而 OBE 教育理念则强调首先明确培养目标，以培养目标为起点反向思考整个教育过程。例如，在清华大学，通识教育课程建设过程中存在很多困惑和设想，问题主要是通识教育虽然得到了普遍的认可，但其效果很难被证明，通识教育对学生的影响程度也很难衡量。因此，清华大学学者提议将 OBE 理念应用于通识教育发展中，反向思考整个课程体系，从通识教育的培养目标入手，反向思考需要什么样的通识教育教学方法与手段。即先明确我们的教育要培养出什么样的人，再探究如何培养的问题。同时，OBE 教育理念也对目前我国大众化的高等教育模式的灵活性、教师的素质都提出了更高的要求。另外，还有学者将 OBE 教学理念融入不同的专业领域，

分别从目标层面、策略层面、执行层面以及评估层面来完善教学体系，从而完善人才培养方案，重构课程体系，探索多元化的评价方式。以培养目标为起点，培养学生的核心能力，强调实践环节，进而使每个学生都能达到毕业要求，培养目标是起点也是终点。此外，OBE 教育理念还可以和学前教育专业职前培养结合在一起，反向推动学前教育专业职前培养，培养目标的明确应摒弃传统的应试教育，注重培养学生多方面的综合能力，以此作为教育的主要目标；还应结合教学大纲要求，结合学生的特点制定科学合理的教学目标；也要根据学生的不同需求制定不同的学习目标。

在这种教育方法中，教师首先要明确教学目标，即学生应该掌握的特定能力、技能或知识。教学目标应该具体、可衡量，能够清晰地指导教学过程。然后，教师通过反向思考教育过程，即从期望的学习成果出发，设计教学活动和评估方式。教师需要思考如何帮助学生达到这些目标，并选择合适的教学方法和资源来支持学生的学习。OBE 的关键在于将学生的学习成果作为教学的核心。教师的角色转变为引导学生学习，激发学生的兴趣和积极性，并为学生提供适当的支持和反馈。教学过程应该关注学生的个体差异和发展需求，提供个性化的学习机会，促进学生的全面发展。OBE 的优点在于它能够使教学过程更加关注学生的实际学习效果。明确的教学目标有助于教师和学生理解所期望达到的学习成果，并更好地规划教学活动和评估方式。通过反向思考教育过程，教师可以更好地了解学生的学习需求，并采取相应的教学策略来满足这些需求。尽管 OBE 具有许多优点，但它也面临一些挑战，其中之一是如何准确地定义和衡量学习成果。教育目标的设定和评估需要基于深入的研究和理论基础，并获得教育界的广泛共识。此外，OBE 的实施需要教师具备相关的培训和支持，以确保他们能够有效地指导学生达到预期的学习成果。总体而言，明确教学目标，并以培养目标为起点进行反向思考教育过程的 OBE，是一种有助于促进学生学习效果的教育方法。它通过确立明确的教学目标，引导教师和学生更加关注学习成果，从而提高教学的质量和效果。

2. 以学生为中心

以学生为中心是一种教育理念，强调将学生的需求和利益置于教学的核心。这种教育方法重视学生的参与、合作和自主学习能力的培养。它意味着教师应该关注每个学生的个体差异，并采用适应性教学策略，以满足他们的学习需求。这种方法旨在激发学生的兴趣，激发他们的自主学习意愿，并帮助他们发展批判性思维和解决问题的能力。以学生为中心的教育还强调培养学生的创造力、创新能力和团队合作精神。这种方法鼓励学生参与到实际问题的解决中，提供多种学习机会和资源，以便他们能够自主掌握知识和技能。同时，以学生为中心的教育也强调教育的全面性，包括学生的身心健康、社会情感发展等方面。以学生为中心的教育在不同的教育系统和学校中有不同的实践方式，但核心理念是相通的。这种教育方法的目标是培养学生成为主动、有能力并有责任感的学习者，他们能够应对复杂的现实挑战并做出积极的改变。

OBE 教育理念强调以学生为中心，学生在教学过程中处于主体性的地位，教学过程应该把学生放在中心位置，这样可以使教学过程的科学性和有效性得到充分保证。以学生为中心包括：第一，以学生为中心设置培养目标。教师可以将学习目标分为知识性目标、技能目标和能力目标。知识目标指在实际操作过程中需要用到的专业知识，针对知识目标的实现，教师在课堂中传授专业知识时应该结合现实中一些有趣的例子或一些现象加以传授，这样可以促进学生对那些陌生难懂的理论知识的掌握；技能目标指实践能力，也就是动手能力，在教学中，实践是必不可少的，教师应该在学生开始接触某一实践时帮助学生进行知识的梳理，讲解实践中应该注意的问题，并对学生在实践过程中遇到的问题进行讨论，培养学生严谨的实践精神，提高学生的专业技能，培养学生的探究精神；能力目标指学生在实践过程中遇到问题时所应具备的分析问题、解决问题的创新思维能力，对于实践过程中遇到的问题，学生可以自由讨论，分析并解决问题，充分发掘学生自我解决问题的能力。OBE 教育理念致力于将学生培养成能够灵活运用知识、具有批判性思维的学习者，更加强调学生学习的主动性，而不是传统的教师主动。这种教育理念将教师和学生的身份转变，而这种转变符合我国的教育国情。第二，以学生为中心设计课程。例如，在学前教育学科中应基于学生本身，坚持以人为本的教育理念，优化课程体系；明确国家、社会对学前教育人才的要求，以此为依据设计课程，改变以往重理论轻实践的课程结构，促进学前教育专业学生将理论与实践相结合，大胆实践，关注学生职业发展，逐步减少“水课”，增加实用性强的课程。第三，以学生为中心进行教学评价。学生的学习结果是评价教学过程成功与否的最直观的依据。

教学中通常采取一系列步骤来确保学生的学习成果得到有效评估和反馈。这些步骤包括：第一，设定明确的学习目标。教师和学校根据预定的标准和期望，与学生一起制定明确的学习目标，这些目标可以包括特定的知识、技能和态度，学生在完成教育课程后应该达到的程度。第二，教学计划和教学方法。教师基于学习目标设计相关的教学计划和教学方法。他们选择适当的教学资源和活动，以帮助学生实现学习目标。教师通过教学活动的设计和组织，鼓励学生积极参与、合作学习，并提供必要的指导。第三，学生评估与反馈。在 OBE 中，学生的学习成果通过各种评估方法进行评估，包括考试、项目作业、实地考察、口头报告等。学生的评估不仅关注学习成果的结果，还注重过程和学习策略。评估结果向学生提供了有关他们在各个学习目标上的表现的反馈，以及改进和进一步学习的建议。第四，教师反思与改进。教师在评估学生之后，对课程和教学进行反思和改进。他们分析学生的学习结果和评估数据，以确定教学策略的有效性，并根据需要进行调整和改进。这种反思和持续改进的过程有助于提高教学质量和学生学习成果的实现。因此，OBE 以学生为中心的教育方法不仅关注学生的学习结果，也注重学生参与学习的过程、个体差异的尊重和教师的反思和改进。通过这种方法，学生可以更好地理解和应用所学的知识和能力，并在现实生活中取得成功。

与传统的教育模式相比，OBE 强调学生所学的技能、知识和能力的实际应用和实现目标的结果。它关注学生的终身学习能力和适应能力，以确保他们能够在现实世界中成功应用所学的知识。在 OBE 中，教学的重点是为学生设定明确的学习目标(Outcomes)，并确定适合每个学生的评估方法。教师在课程设计和教学过程中将这些目标纳入考虑，并根据学生的学习进度和需求提供支持和指导。学生在完成目标时会被评估，以确定他们理解和掌握知识的程度，并对进一步的学习进行调整。OBE 的核心理念是让学生通过实际应用学到的知识来解决问题和达成目标。这种方法鼓励学生主动参与学习，并培养他们的问题解决能力、批判性思维、合作能力和自主学习能力。OBE 也强调学生的个体差异和需求的尊重，不再仅仅关注知识传授，而是关注学生的整体发展和实际应用能力的培养。总的来说，OBE 是一种以学生为中心的教育方法，注重学生所学知识、能力的实际应用和达成目标的结果。它有助于培养学生的实践能力、问题解决能力和适应能力，以应对不断变化和复杂现实的挑战。

3. 创新教学模式，完善教学内容

OBE 教育理论注重创新教学模式，完善教学内容。当今社会越来越看重学生的实践能力，实现中国梦需要中国精神，中国精神包括伟大的实践精神，因此，教育应注重学生实践能力的培养。国内多所高校对其专业建设、课程建设进行了改革探索，教学内容应与学生需求相对应，主要内容应以本专业学生在实践中应用的知识为主。传统课堂教学模式多以教师讲、学生听、课下练习为主，缺少学生与老师之间的互动。这种模式很难体现以学生为中心的教育理念，因此，探索新的教学模式十分必要，了解学生爱学什么、怎样学，从而引导学生有效学习。在教学中还应注重学习内容的实用性，转变传统式的照本宣科以及填鸭式的学习，以导向性教学内容为主设置教学模式，同时完善教学内容，注重教学内容与生活的紧密联系，做到理论与实践相统一，理论服务于实践。这样的教学方式不仅能提高学生应用知识的水平，同时还能增强学生的学习兴趣。OBE 教育理念还可以解决传统课堂教学中偏重知识内容、忽视能力需求的问题，以及课程内容和形式无法满足新冠疫情背景下网课教学的需求问题。网课教学更应该筛选教学内容，去除“水课”，增加实用性强的课程，丰富学生实践能力，从能力需求出发，基于当代教育现状以及教育需求进行系统化课程构建。在课程建设中，教学内容、教学模式都应围绕学生的学习效果进行改革。

通过设定明确的学习目标和关注学生的学习结果，OBE 鼓励学生实际应用所学的知识和技能，培养他们的创造力、批判性思维和解决问题的能力。在 OBE 中，教育者需要重新思考教学的方式和内容，以适应学生的需求和现实的挑战。这种教学模式强调学生参与、合作和自主学习能力的培养，通过提供多种学习机会和资源来激发学生的学习兴趣和主动性。OBE 也鼓励教师采用创新的教学策略和评估方法。教师可以设计项目、案例研究、实践活动等，让学生在实际问题中应用所学的知识和技能；评估方法也可以更加多样化，包括学生展示作品、口头展示与评价等，以全面评估学生的学习成果。通过 OBE 的创新教学模式，教育者可以更好地满足学生的学习需求，并帮助他们发展与现实世界相关的技能和能力。这种教学模式强调实践和应用，培养学生的创新思维和解决问题的能力，为他们未来的职业和生活做好准备。

OBE 强调学生学习结果的实际应用，因此它需要教育者重新思考和完善教学内容，以确保学生能够达到设定的学习目标。为了完善教学内容，教育者可以采取以下措施：(1)确定核心知识和技能：教育者需要仔细考虑要教授给学生的核心知识和技能。通过明确学习目标，教育者可以确定哪些概念和技能是学生必须掌握的。这有助于提供有针对性的教学内容，使学生能够在实际应用中应对挑战。(2)整合实际案例和情境：教育者可以引入实际案例和情境，将学习内容与现实生活联系起来。通过这种方式，学生可以更好地理解和应用所学的知识和技能。实际案例可以通过真实的场景、个人经历或进一步研究来呈现，以激发学生的兴趣，提高学习效果。(3)提供多元化学习资源：教育者可以提供多种学习资源，包括教科书、网络资源、模拟工具等，以满足不同学生的学习需求。这些资源可以帮助学生扩展对知识和技能的理解，并在不同的学习方式中获得更全面的教育。(4)强调实践和应用：OBE 注重学生实际应用所学的知识和技能。因此，教育者可以设计实践性项目、实验、实地考察等，让学生亲身体验和应用所学的内容。这种实践和应用的教学方式可以帮助学生更好地理解概念，并培养他们实际解决问题的能力。通过完善教学内容，教育者可以更好地支持学生在 OBE 框架下的学习。重点是确保教学内容与学习目标相匹配，并提供多元化的学习资源和实践机会，以促进学生的全面发展和实际应用能力的培养。

4. 完善教学评价与考核制度

OBE 教育模式侧重于对学生能力和知识的实质性评估，而不只是关注考试和分数。为了完善 OBE 的教学评价与考核制度，可以采取以下措施：第一，明确学习目标：确保学生了解每个课程中的学习目标，并帮助他们理解目标与实际应用之间的联系。这将帮助学生更好地理解他们需要达到的标准。第二，多样化评价方式：除了传统的笔试和口试，可以引入更多的多样化评价方式，如项目报告、小组讨论、实践技能展示等。这有助于全面评估学生的知识、技能和能力。第三，连续性评估：采用连续性评估的方法，以逐步评估学生在学习过程中的进展和掌握程度。这样可以及时调整教学方法和学习计划，帮助学生更好地实现学习目标。第四，反馈机制：为学生提供有效的反馈机制，帮助他们了解自己的优势和需要改进的领域。这样可以鼓励学生积极参与学习并改善自己。第五，支持教师专业发展：提供培训和支持教师,使他们能够适应 OBE 的教学评价与考核制度。这有助于教师更好地理解和应用这种教育模式,并提供有效的指导和支持给学生。通过完善教学评价与考核制度,可以促进学生的全面发展,并使他们能够具备实际应用所需的知识和能力。第六,学生参与和自主学习:鼓励学生主动参与学习过程,并提供适当的机会给他们展示自己的学习成果,可以通过项目作业、实践活动和展示等方式实现。通过参与和自主学习,学生能够更好地理解和应用所学的知识。第七,实际应用和场景模拟:将学习与实际应用紧密结合起来,通过实践和场景模拟,帮助学生将所学知识和技能应用到实际问题中。这种实践性的评估方式可以更好地衡量学生的综合能力和应对实际挑战的能力。第八,个性化评价和支持:考虑到学生的个体差异,采用个性化评价和支持的策略。这可以包括定制化的学习计划、个别辅导和定期跟踪学生的学习进展。个性化评价和支持有助于满足学生的不同学习需求,并帮助他们取得更好的学习成果。第九,参与利益相关者:与学校管理层、教师、家长和学生等利益相关者合作,共同完善教学评价与考核制度。他们的参与可以提供不同角度的意见和建议,并确保制度的可行性和有效性。第十,持续改进和评估:教学评价与考核制度应该是一个不断改进和评估的过程。收集反馈意见、参考最新的教育研究和国际经验,并根据实际效果进行调整和改进,这有助于不断提高制度的质量和适应性。通过以上措施,可以进一步完善教学评价与考核制度,提高学生的学习成果和能力发展,同时也促进教育质量的提高和持续改进。

OBE 教育理念重视教学评价与考核制度的完善。教学评价是教学的重要组成部分之一。提倡以学评教,坚持以学生为中心，成果为导向构建评价与考核体系，以学评教和传统的以教评教相比，更加突出以学生为本，通过学生评价教师的教学质量，是目前推崇的评价方式，学生的学习结果是教师教学质量高低最直观的评价指标。基于 OBE 教育理念的考核体系具有科学性和有效性，实现了以教师为中心向以学生为中心的转变；以知识传授为主向能力培养为主的转变；以教评教向以学评教的转变。还可以建立基于 OBE 理念的教学质量保障体系，通过对学生预期学习成果的检查、判断与评估，从而不断持续改进教学，并保证学生最终达成学习目标。建立以学评教的评价体系有助于教师通过教学实践进行自我反思、自我审视、自我反馈与自我完善，从而进一步探索教学相长的教学模式，培养学生的实践创新能力和合作能力，有利于塑造学生积极向上的世界观、人生观与价值观。此外，考核方式应该多元化，既要结合学生个性特点，有针对性地评价，还要考察学习目标任务是否完成。老师应该尽可能掌握每个学生的学习情况，并设置与课程内容相连接的考核方式。例如，在新冠疫情背景下的考核体制可以采用线上形成性考核＋线下终期考核的方式进行，形成性考核应设置合理的比例，如视频学习 30％、作业完成情况 50％、考勤 20％等，便于分析学生的学习成果。综上，OBE 教育理念将考核评价全方位、多形式、分阶段地嵌入教学的全过程；在笔试的考核基础上，引入在线学习、课后作业、课堂提问、小组讨论等多种考核评价方法；将教师评价、学生自评与学生互评有机结合，从而达到全面提高学习成效的目的，进而建立更加科学的考核机制。由此可见，成果导向性教育理念可以很好地保障教学评价系统的科学性和有效性。

二、 学习成果界定

探究成果导向教育的发展历程，离不开对学生学习成果(SLO)的探究。斯派迪认为，学生的学习成果是清晰可见的学生的学习效果和表现，这些表现必须反映学生学习到什么知识、学生能根据自己所学习到的知识做成什么，强调形成某种能力，而不是空洞的知识理论。最近许多探讨学习成果的文献都指出，在理解学习成果的概念上面临许多挑战。学习成果的概念广泛根植于行为主义和建构主义两种截然不同的思想流派和学习理论。本部分旨在阐明这个概念以支持学习成果在教育政策和实践上更为一致性的运用。

对学习成果的定义如果进行简单分析，并没有多大差异。但认真研究可以发现，所有定义可以归属以下两个相互关联的定义范畴：(1)学习成果被定义为“学生在完成一个学习过程后，预期知道、理解和能做什么的陈述，并按知识、技能和能力进行定义”。(2)学习成果被定义为“个体在完成一个学习过程(无论是正规的，非正规的或非正式的)后，所获取和能够证明的一系列知识、技能和能力”。这两个定义之间的关系可以理解为预期和实际达到学习成果之间的关系或反馈回路(具体如图3所示)。

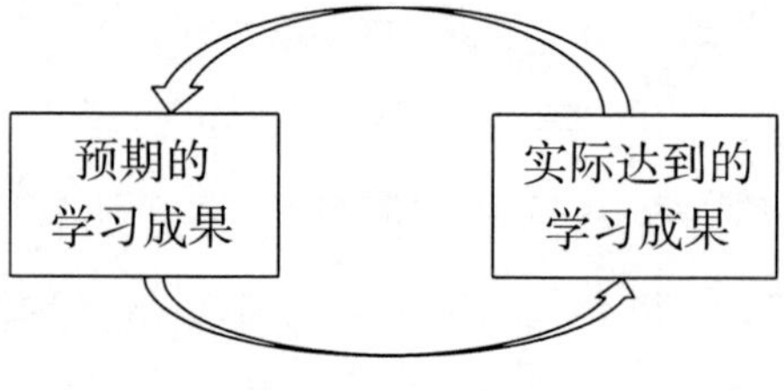

图3 预期学习成果与实际达到的学习成果的关系

在资格框架、资格标准和校本课程中，学习成果的定义和描述是意图或目标的陈述和表达。它们不是实际的学习成果，而是预期目标。实际的学习成果只能在一个学习过程完成后，通过观察学习者在现实生活中是否形成某种能力，例如在工作中的表现以及对其是否能解决实际问题进行评估而得出结论。要实现学习成果概念的一致性应用，需要对预期学习成果和实际学习成果进行反复比较，使两者保持“持续对话”，旨在基于实际取得的学习成果改善既定和预期学习成果的定义。教育世界和工作世界激烈对话是成功实施学习成果办法的关键。注重实际达到的学习成果引发我们必须对能力的概念进行探讨。欧洲职业培训发展中心（CEDEFOP）定义能力如下：“在一个具体的背景环境（教育、工作、个人或专业发展）下，适当运用学习成果的本领（Ability）。”能力可以理解为实际达到的学习成果，可以通过对学习者在社会和工作中自主综合运用知识和技能的实际表现得到验证，而学习成果通过其与能力的关系进行验证。

学习成果的方法和基于能力的方法一直受建构主义和行为主义学习理论的影响。豪斯肯斯和迪肯·克瑞克（Hoskins and Deakin Crick）所提出的能力定义明显体现了建构主义的理念，即“能力是知识、技能、理解、价值观、态度和欲望等要素的复杂结合，其促使人们在社会一个特定领域产生一种有效的具体行动”。一个人在工作、人际关系或公民社会中所取得的成就不是基于简单数据存储的知识积累，而是这些知识与技能、价值观、态度、欲望、动机的一种结合，以及其在人的生涯中一个特定背景和特定时间点上的应用。能力意味着力量、行动和价值。

建构主义理论认为，学习作为极其情境化的活动，与社会身份、价值观念和关系有着密切的关系。建构主义学习理论认为，学生是学习的中心，是积极的知识建构者，而不只是一个被动的接收器。基于以往的经验、心理结构和信念，学生不仅“同化”而且“容纳”知识、技能和能力。一个学习者了解认知过程并能调节或引导学习（自我意识或元认知技能是建构主义的重要组成部分）。莱夫和温格（Lave and Wenger）的情境学习理论进一步发展了这一理论。这一思想学派认为，知识、技能和能力不能作为孤立或非情境化的存在来处理，应该置于情境之中才有意义。基于以上观点，预期学习成果的陈述应该是立足个人本领（Ability）的描述性（不是规定性）和整体性的陈述。学习成果应该以过程和情境为导向，避免成果过于严格的定义。这种开放式的方式尊重个人的多样性和学习过程固有的丰富性，但该做法的风险是降低了学习成果的可测量性。

与建构主义方法形成鲜明对比的是传统的行为主义方法，其重点强调反应刺激、可观察的外在行为。行为主义假设学习者是被动地应对环境刺激，并且关注个人的“条件”和“强化”，注意行为的外在变化。传统行为主义对定义、撰写和应用学习成果的意义是深远的，它要求学习成果描述明确（尽可能不含糊）、定量、界线分明和可测量。建构主义和行为主义导向之间的区别从纵向来考察，学习成果也可以按照目的导向进行概念化，一方面作为教育机构计划和课程开发的工具（内部关注重点），另一方面作为测量有效性和责任的工具（外部关注重点）；从横向来考察，学习成果也可以按照其性质与特征来进行概念化，一方面具有过程导向、开放性和有限可测性特点，另一方面具有成果导向、全封闭和可测性的特征。对政府有关决策者而言，为加强管理和责任，更加倾向定义和评估学习成果为成果导向、全封闭和可测性，这包含着行为主义的学习理念。英国和澳大利亚国家职业教育资格课程的开发和实施就是这一情形的典例；对学者和教育履行机构而言，为学生的全面发展，更加倾向过程导向、开放性和有限可测性，这包含着建构主义的学习理念。德国双元制职业学校学习领域课程的开发和实施就是这一情形的典例。

由于对行为主义存在偏见，目前也存在反对转变为学习成果的声音。他们认为学习成果方法，通过强化学习简单的刺激-反应模式（仅仅可观察到的、可衡量的成果计数），具有减少学习丰富性的风险。他们认为，行为主义的学习过程呈线性，过于简单化，在撰写学习成果时行为主义的行为特征是避免复杂活动的动词（如“理解领会”），并且尽量用界线分明、简单、测量性强的动词术语取代。阿莱斯（Allais）也对转变为学习成果持否定意见，他认为知识被分割、细分到可被任意选择和组合的最小单元，这忽略了传授知识可以按照学科知识本身的固有逻辑进行组织的可能性，基于学科构成的知识体系完全不必考虑知识获取的条件。

但是，多宾斯（Dobbins）反对这样的假设，在默认情况下，转移到学习成果意味着“还原”。“还原”意味着一个人要立足于社会，成为一个合格的公民、优秀工作者、家庭责任的承担者，必须拥有基本素养和综合职业行动能力。学习成果可以着眼于广泛的知识、技能和能力，例如德国学习领域课程的学习目标，即学习成果强调培养学生的综合职业行动能力就是一个典型的案例。它被理解为“个体在职业、社会和个人生活情境中能正确地思考并能在行动中承担个体责任和社会责任。在专业能力、人格能力和社会能力三个维度上发展职业行动能力”，并且其中存在一些行为主义特征，例如，使用特定的工具用于特定目的。比格斯(Biggs)也同意这一观点,指出在学习成果的设计和评估任务中,教师可以自由使用开放式的动词,如“设计”“创建”“假设”“反映”等,这是避免教学和评估过于刚性的一个方法选择。

但关键问题是,如何定义和应用学习成果这样一种形式,以避免将“还原”等同于行为主义学习理论的逻辑。一些关于如何撰写学习成果的指南提醒人们谨慎使用像“理解”和“欣赏”等类似的广义动词,并建议用“描述”“制定”“确定”等相对明确一些的术语替换它们。比格斯反对这一建议,并指出在高级资格中,描述学习成果的适当动词应包括“假设”“反映”等,以适用难以预见和难以测量的领域或问题。这些高阶学习成果需要开放式的任务,允许紧急和意外成果的产生。根据这一原理,可以认为像“理解”(Understanding)这一复杂的动词将是描述活动及其学习成果(包括知识、技能和能力)的关键用词。学习成果可以帮助学习者清晰地说出他们需要理解什么,并涉及理解程度和水平。

当定义、编写和运用学习成果时,必须意识到这些困境和难题。两个突出的关键问题是:第一,所撰写的学习成果体现了全面性和主动性学习的建构主义目的吗?第二,我们努力明确界定可观察到的学习成果,是否存在这样一种风险:不能真实反映决策者期望的学习要多样性和丰富性的要求。学习成果的操作性定义和撰写以及我们如何回应以上所述的问题,严重受到目前学习成果(目标)分类技术和方法的影响。对现有的学习成果分类理论和方法进行评述,有利于学习成果在教育领域改革的成功采用。

布卢姆的分类法已被列为影响学习成果定义和应用的最重要的理论之一。1956 年,由美国著名的心理学家、教育家布卢姆

（Benjamin Bloom）等人编写的影响深远的作品《教育目标分类学：第一分册 认知领域》问世。在这部作品中，布卢姆等人将认知领域划分为知识（Knowledge）、领会（Comprehension）、应用（Application）、分析（Analysis）、综合（Synthesis）、评价（Evaluation）六种层次，并从相关方面对每一种层次做了比较详细的解释。2001年，梅耶（Meillet）等著名的教育心理学家、安德森（Anderson）等课程与教学专家、克拉斯沃尔（Krathwohl）等测量评价专家完成了对布卢姆教育目标分类理论的修订，最终结果为《学习、教学和评价的分类学：布卢姆教育目标分类学》（修订版）。该修订版要求对教学目标、教学活动和教学评价按24个目标单元进行分类。在认知领域，修订版采用动词的形式代替原有的名词形式，例如“知识”改为“记忆”；另外，把“综合”改为“创造”并置于“评价”之上。第二个版本（布卢姆等人，1964）构建了学习情感领域的层次结构，从基本的（接收（Receiving）、响应（Responding））开始到更复杂的水平［价值（Valuing）、组织（Organisation）、内化价值（Intermalises Values）］。进一步发展引入了描述动作技能领域（技能）的层次，从模仿（Imitation）开始到操纵（Manipulation）、精确（Precision）、接合（Articulation）和归化（Naturalisation），分类的三个层次结构。

布卢姆分类法一直受到各种批评。伯雷特和斯卡达玛亚（Beretier and Scardamalia）认为，“我们需要这样一种思考知识的方式，它允许我们合理、清晰且明确地知道我们正在努力获取的是什么，而不需要在头脑中把知识还原成详细列明的目标。在专门知识的发展中，知识的深度、连贯性和给予智能行动意义与支持的人的内在认知图式密切相关”。这也反映了对行为主义的批评，并警告不要将还原方法缩小到预期（和评估）学习的范围。但是,布卢姆分类法不断修正的三个层级以及更为广义和复杂动词的运用,包括容纳意外成果的更为开放的学习成果描述,对上述各种批评提供了有力反驳。布卢姆分类学已经直接或间接影响了许多国家有关政策的制定。根据马耳他和斯洛文尼亚(Malta and Slovenia)(CEDEFOP,2009)提供的例证,分类法的修订版已直接影响许多国家的资格标准以及课程标准的设计方法。例如,澳大利亚和英国的资格和课程改革、学习成果的分类和等级化,更倾向于采用这一分类方法。

三、学习成果与传统教育目标的区别

1. 传统教育目标

传统教育目标可以涉及以下几个方面:(1)知识传授:在传统教育中,知识传授是一个重要的目标。教育机构致力于向学生传授各种学科的核心概念和理论知识。这包括语言、数学、科学、历史、艺术等各个学科领域。(2)学科技能:除了知识外,传统教育也关注学科技能的培养。这些技能可以是阅读、写作、计算、实验、绘画等学科特定的技能,帮助学生通过练习和实践获得并应用这些技能。(3)社交技能:传统教育目标还包括培养学生的社交技能和交往能力。学校为学生与同龄人和教师提供互动和合作的机会,以培养他们的团队合作、沟通、解决问题和人际交往等技能。(4)个人发展:传统教育致力于培养学生的个人发展,包括个人特长和兴趣的培养。学校通常提供多样化的活动和课程,如体育、音乐、艺术、戏剧等,以帮助学生发现和培养自己的特长和兴趣。(5)为进入高等教育或职场做准备:最终,传统教育的目标之一是为学生做好进入高等教育或职场的准备。学校努力提供学生所需的学科知识、技能和能力,使他们能够适应高等教育或职场的要求，并为未来的学习和职业发展打下坚实基础。这些传统教育目标在很大程度上仍然是重要的，但随着教育理念的不断演变和社会需求的变化，我们也看到了对于更全面、实践性和个性化的教育目标的不断探索和强调。

2. 学习成果

学生学习成果不同于教育目标，1949 年泰勒对教育目标的使用提出了建议，20 世纪 50 年代，泰勒的学生布卢姆制定了教育目标分类法，这是对泰勒模式的进一步完善。20 世纪 50 年代兴起了目标运动，特别是行为目标，行为目标认为目标应包含行为、条件和标准，其中必须对要达到的行为目标进行具体描述，这就使得目标设置变得非常复杂，使教学目标变成冗长的清单，不利于教师教学的积极性和学生学习热情的培养，这种行为目标很难实现。有关目标的争论一直到 20 世纪 80 年代才适当达成和解：目标应该是清晰明确的，但没有必要一定是行为上的描述。此后就出现了学生学习成果和基于学习成果(OBE)的教育主张，OBE 的教育理念是首先考虑教学想要达到的成果，然后用倒推的方法设置合适的课程以达到教学成果。哈登(Harden)分析了传统的教学目标和学生学习成果的差异(如表 1 所示)。这些差异就使得基于学生学习成果的 OBE 教育理念较传统的教育目标理念有了很大的进步，学生学习成果和传统教学目标相比可操作性和可评价性更强。

在 OBE 中，学习成果被视为评估学生学习的主要标准，它主要包括：(1)学科知识和理解：学生应该掌握学科领域的核心概念和理论，能够应用这些知识解决问题。(2)技能和能力发展：学生应该具备学科特定的技能和能力，如阅读、写作、计算、科学实验、研究、分析等。(3)创造性思维和创新能力：学生应该能够运用创造性思维解决问题，提出新的观点和解决方案。(4)批判性思维和问题解决能力：学生应该能够批判性地思考、分析信息，并能够解决复杂的问题。(5)沟通和合作能力：学生应该能够有效地沟通和协作，与他人合作解决问题和完成任务。(6)社会责任和公民意识：学生应该具备社会责任感和公民意识，尊重他人、关注社会问题，并参与社会活动。(7)学习和自我发展能力：学生应该具备自我学习和持续发展的能力，能够主动学习、反思和适应环境变化。这些学习成果旨在培养学生的综合能力和适应未来社会的能力。OBE 强调学生的主动学习和实际应用，以确保学生在学习过程中真正掌握和运用所学知识和技能；同时，OBE 也关注学生的发展和个性化成长，以满足不同学生的学习需求。

表 1　传统教学目标和学生学习成果的区别

传统教学目标	学生学习成果	不同之处
浅，只停留在理论层面	深，注重实践层面的解释。指出学生能做到什么	对目标解释深浅程度不同
强调教师应该做什么	强调学生能学到什么	强调点不同
重理论，忽视各个层面目标之间的联系	重实践，注重各级目标之间的连贯性	目标分类和相互间的关系不同
有时会忽视要取得的教学成果	强调必须达成学习成果	测量结果不同
成果归结于教师	成果归于学生	成果归属不同

第三节　成果导向教育与传统教育的比较

一、传统教育

传统的课堂模式是封闭的，体现为：在固定时间、固定地点完成固定的教学任务，其中，教师、教材、学生称为授课的三个中心。在传统课堂教学中，知识是主宰，以知识为中心进行讲、学、考。教师成为传播知识的媒介，将固化在教材中的知识点转化为平面形式的教学课件或板书，再灌输给学生。在这种授课模式下，学生要做的仅仅是听与记，但在强化“记”的过程中，往往忽略了“思”的重要性，而思维在认识世界和创造世界中起到了很大的作用。

另一方面，与传统教育模式相对应的教学评价模式，是一种以教师为评价主体的单向评价，虽然也有学生的不记名调查问卷等形式，但这类评价并没有被重视。特别是在传统教学评价方式所围绕的“授课目的、授课内容、授课方式、授课板书、授课效果”的五个方面中，真正与学生的个体感受相关的仅有授课效果一项。此外，围绕这五个方面进行的教学评价指标设置，虽然大多在评分细则上比较完备，有的评分甚至细化至个位数，但仅限于课堂教学的固定元素，导致出现评价的范围不够全面。并且，由于评价指标不够清晰且难以把握，在具体实施中受评价主体个人主观意愿影响较大，导致评价活动更多流于表面，其结果并不能真正反映教学活动中的得与失。因此，如何推动传统课堂教学模式的改革，制定出新成果导向教育的教学评价机制，已成为一个十分紧迫的问题。

二、传统教育与成果导向教育的比较

与成果导向教育相比,传统教育在多个方面都有很大的区别,总的来说,可以概括为以下几个方面:

1. 成果导向而不是过程导向

传统教育的课程教学严格遵循规定的进程,统一的教学时间、内容、方式等。教学进度是以大部分学生可以完成的假设为前提预设的,如果学生在规定时间内未完成学习,将被视为达不到教学要求。OBE 的目标、课程、教材、评价、毕业要求等均聚焦于成果,而不是规定的进程。OBE 强调学生从学习的一开始就有明确目标和预期表现,学生清楚所期待的学习内涵,教师更清楚如何协助学生学习。因此,学生可以按照各自的学习经验、学习风格、学习进度,逐步达成目标,所有的学生均有机会获得成功。

相比传统的过程导向教育,成果导向教育更加关注学生在学习中所达到的实际成果和能力。在成果导向教育中,学生需要明确的学习目标和预期结果。教师和学校制定具体的学习成果标准,并通过评估这些成果来确定学生的学习成绩和学术进展。这种评估通常包括考试、作业、项目、实践经验等,以确保学生真正掌握和应用所学的知识和技能。成果导向教育强调学生的终身学习和实际应用能力。通过明确学习目标和评估学习成果,学生能更好地理解自己的学习进展,了解自己的实际能力,并能够为未来的学习和职业发展做好准备。然而,需要注意的是,过程导向和成果导向并非完全对立,而是可以相互补充的。在教育中,了解学生的学习过程和思维过程也是重要的,这有助于教师更好地指导和支持学生的学习。因此，一种综合的教育方法可能会将过程和成果的关注点结合起来，以促进学生全面的学习和发展。

成果导向教育的实施过程中，教育机构和教育者需要考虑以下几个方面：(1)设定明确的学习目标：教育者需要与学生一起设定明确的学习目标，确保学生清楚知道他们应该达到的学习成果是什么。这些目标应该可衡量和可观察，以便在评估过程中能够准确评价学生的学习成果。(2)确定评估方法：教育者需要确定适当的评估方法，以衡量学生是否达到了预期的学习成果。这可能包括考试、作业、项目、实践经验、口头报告等多种评估方式。评估方法需要与学习目标相匹配，并提供准确的反馈和评估结果。(3)引导学生自主学习和自我评估：成果导向教育鼓励学生主动参与学习过程，发展自主学习的能力。教育者应该提供支持和指导，帮助学生设定学习目标，制订学习计划，并培养他们的自我评估能力，使他们能够了解自己的学习进展和改进方向。(4)提供个性化支持和指导：成果导向教育重视学生个体差异和不同的学习需求。教育者应该提供个性化的支持和指导，根据学生的学习目标和进展情况，提供适当的教学策略和资源。这有助于学生更好地理解和掌握所学的知识和技能。(5)培养批判性思维和反思能力：成果导向教育鼓励学生发展批判性思维和反思能力，使他们能够主动评估和改进自己的学习成果。教育者可以通过指导学生进行反思和同行评估，以帮助他们理解自己的学习过程和成果，并提出改进的建议。

成果导向教育强调学生的学习成果和能力发展，通过明确的学习目标和评估方法，帮助学生实现全面的学习。这种教育方法鼓励学生在学习中积极参与和主动学习，培养他们的自主学习、批判性思维和反思能力。

2. 增加机会而不是限制机会

传统教育严格执行规定的学习程序，就像将学生装进了以同样速度和方式运行的“车厢”，限制了学生成功的机会，忽视了学生发展的多样性，以同样的方式和标准要求不同的学生显然会出现不合理的行为。OBE 强调扩大机会，即以学习成果为导向，以评价结果为依据，适时修改、调整和弹性回应学生的学习要求，尊重学生发展的动态灵活性。“扩大”意味着改进学习内容、方式与时间等，而非仅仅延长学习时间。

OBE 的目标之一是增加学生的机会，而不是限制机会。与传统教育相比，OBE 注重评估学生的学习成果，而不仅仅是他们的学习过程。这意味着学生在达到学习目标的道路上，可以选择不同的学习方式和路径。通过明确的学习目标和评估标准，OBE 为学生提供了更大的学习自由度和灵活性。学生可以在实现学习目标的基础上，选择适合自己的学习方式和兴趣领域。他们可以根据自己的学习需求和兴趣，探索各种学习资源和项目，以实现其学习目标。OBE 还鼓励个性化教学和学生参与决策，以适应不同学生的学习需求和能力水平。学生可以在教师的指导下制订学习计划，根据自己的兴趣和目标选择学习内容和项目。这为学生提供了更多个性化和适应性的学习机会，使每个学生都能充分发展自己的潜力。总的来说，OBE 致力于确保学生的学习成果，并为学生提供更多实现目标的机会。它鼓励学生掌握核心知识和技能，发展自己的兴趣和才能，促进个人和全面发展。

OBE 在增加学生机会的同时，还强调学生的学习关联性和应用能力。它鼓励学生将所学知识和技能应用于实际问题和情境中,通过与现实生活和职业需求的紧密联系,学生可以更好地理解和评估他们学习的重要性和实际应用的意义。另外,OBE注重学生的终身学习能力。学习不再局限于在教室内进行,而是成为一个持续的过程。学生在实践中不断学习和发展,不仅可以提高自己的学术能力,还可以培养自主学习和解决问题的能力。这使得学生能够适应快速变化的社会和职业环境,并不断更新和发展自己的知识和技能。此外,OBE 还强调学生的自主性和创造性思维的发展。学生被鼓励独立思考、提出问题和寻找解决方案,他们能够参与到实际项目和实践中,发展解决问题的能力和创造性思维。总的来说,OBE 通过强调学生的学习成果、实际应用能力和终身学习能力,为学生提供了更多的学习机会和发展空间。它鼓励个性化和灵活的学习,使每个学生都能够根据自己的兴趣、能力和目标实现学习成功。

3. 以成果为准而不是以证书为准

传统教育中学生获得证书是以规定时间完成规定课程的学分为准,而这些课程学分的取得是以教师自行设定的标准为准,或者以制定好的某种证书标准来衡量学生的学习成果,这样就会陷入僵化刻板,不利于学生的多样化发展。OBE 获得证书是以学习成果为准,学生必须清楚地展现已达到规定的绩效指标,才能获得学分。将学习成果标准与证书联系起来,使得证书与学生的实际表现相一致,而非只是学生在规定时间内完成学业的证明。

OBE 强调学生的学习成果为评估的重点,而不是仅仅依赖证书或学历。传统教育通常以学生通过考试和获得学位证书为评估标准,而 OBE 更注重学生在学习过程中所实现的综合能力和实际成果。在 OBE 中,学生的学习成果通过明确的学习目标和评估标准进行评价。教育者根据学生的实际表现和达到的学习成果,来评估他们的学习进展和发展情况,这可能涉及项目作业的完成情况、实践经验、口头报告、有效解决问题的能力等等。这种评估方式更加关注学生所掌握的知识、技能和能力,而不仅仅是通过考试获得的分数。这样的评估方法使学生更加关注学习的过程和所达到的实际成果,鼓励他们积极参与学习并深化对学科的理解。学生的学习成果成为评估的重要依据,可以更好地反映他们的学术能力和综合素质。在就业市场中,雇主和招聘者也越来越注重个人的实际能力和工作成果,而不仅仅看重学历或证书。因此,OBE 强调学生的学习成果,使他们能够在毕业后更好地展示自己的实际能力和应用能力,提高就业和职业发展的竞争力。总而言之,OBE 以学生的学习成果为评估的重点,而不是仅仅依赖于证书或学历。这种评估方法更加关注学生的实际能力和综合素质,鼓励学生实现真正的学习成果和发展。

OBE 的学习成果导向也有助于减少对纸面证书的依赖和过分注重学历的现象。传统教育体系中,学生通常被要求完成一系列的课程和考试,最终获得学位证书。然而,这并不能全面反映学生的实际能力和应用能力。OBE 强调学生的学习成果,这意味着学生需要证明他们所掌握的知识和技能,而不仅仅是通过考试取得一定的分数。这样的评估方式使得学生的学习成果更加客观和可衡量,并能够更好地反映他们在学习过程中的实际能力。此外,随着科技的发展和信息的普及,传统的学历或证书在一定程度上变得不再起决定性。雇主和招聘者更加关注个人的实际能力和综合素质,如解决问题的能力、团队合作能力、创造性思维等。OBE 的学习成果导向可以更好地衡量学生在这些关键能力方面的发展，从而提高他们的就业竞争力。然而，尽管学习成果在评估中占据重要地位，学术证书仍然是重要的参考和认可。学生依然可以通过学位证书来证明他们在学位课程上的学习成果和学术能力。但是，OBE 的学习成果导向使学生能够更好地展示自己的实际能力和综合素质，提供更充分、准确和全面的评估。总的来说，OBE 的学习成果导向有助于减少对纸面证书的依赖，更加注重学生的实际能力和应用能力。这种评估方式使学生能够更好地展示自己的学术能力和综合素质，提高就业和职业发展的竞争力。

4. 强调知识间的相互结合而不是知识的相互分离

传统教育只强调课程体系，实际上是将知识结构切割成了一个个课程单元，每门课程成为一个相对独立、界限清晰的知识单元，这些知识单元之间的联系被弱化了，学生的学习往往是“只见大树、不见森林”，一个阶段的学习之后，学生不能将刚学过的知识与之前学到的知识联系起来，不利于逻辑的连贯性构造，这样一来，很容易将所学习的知识忘记。OBE 强调知识的整合，是以知识（能力）结构出发反向设计，使课程体系支撑知识结构，强调知识结构的构建，重视连贯性，进而使每门课程的学习都与知识（能力）结构相呼应，最终使学生达成顶峰成果。

OBE 强调知识间的相互结合而不是知识的相互分离。传统教育往往将不同的学科涉及的知识分隔开来，学生需要在各个学科中进行独立学习，而缺乏对知识的整体性和相关性的认识。OBE 通过明确的学习目标和综合性项目的设计，促使学生将不同学科的知识相互结合和应用。学生需要将所学的知识和技能应用于实际问题和情境中，理解不同学科之间的联系和共同点，培养综合思考和综合解决问题的能力。例如，一个综合性项目可能要求学生在科学、数学和社会科学领域的知识基础上，研究和解决一个真实世界的问题。通过这样的跨学科项目，学生需要综合运用不同学科的知识和技能，进行调查研究、数据分析、问题解决等，从而实现对知识的整体性理解和跨领域的应用能力的发展。这样的学习方式有助于学生看到知识的相关性和实际应用的意义，使他们能够将不同学科的知识融合起来，发展跨领域思维和综合解决问题的能力。同时，这也鼓励学生在学习过程中主动探索和建立不同学科之间的联系，培养终身学习的态度和能力。总的来说，OBE 强调知识间的相互结合，帮助学生理解不同学科知识的整体性和相关性。这种学习方式促进跨领域思维和综合解决问题的能力的发展，使学生能够更好地应对现实生活和职业中的复杂问题。

OBE 强调知识之间的相互结合，鼓励学生将所学的知识和技能应用于实际情境中。这种学习方式有助于学生理解知识的真实价值，促进他们建立更加综合和深入的知识体系。传统教育往往将不同学科的知识分割开来，学生只关注于每个学科的具体内容和考试要求；而 OBE 通过跨学科项目和实际应用的任务，打破了学科之间的壁垒，促进了知识的整合和融合。通过综合性项目，学生可以将不同学科的知识资源整合到一个项目中，并探索不同学科之间的联系和交叉点。这种综合性学习的方式使学生能够更好地理解知识之间的关系，以及知识的实际应用和意义。此外，OBE 还重视学生综合素质的培养，包括批判性思维、创造性思维、沟通能力和合作精神等。通过跨学科项目和团队合作，学生能够培养这些重要的综合素质，为未来发展和职业成功做好准备。总的来说，OBE 强调知识间的相互结合，通过跨学科项目和实际应用，促进了知识的整体性和相关性的发展。

这种学习方式有助于学生理解知识的实际应用和价值，培养跨领域思维和综合解决问题的能力，为未来的发展提供了更加坚实的基础。

5. 教师指导而不是教师主宰

传统教育以教师为中心，教什么、怎么教都由教师说了算，学生只是被动地接受教师的安排来完成学习，教师在教学过程中有着绝对的领导地位，这样就忽视了学生作用的发挥，单纯的教师指导弱化了学生的主体作用，不利于学生学习积极性的培养。OBE 强调以学生为中心，教师应该善用示范、诊断、评价、反馈以及建设性介入等策略，来引导、协助学生达成预期成果，教学是以学生为主，教师在其中只是充当“领路人”的角色。

OBE 更倾向于教师指导而非教师主宰的学习过程。传统教育模式下，教师通常被视为知识的传授者和学习过程的组织者，学生则被动地接受教师的指令和知识。然而，OBE 强调学生的主动参与和自主学习。教师的角色转变为引导者和指导者，帮助学生理解学习目标，获得必要的知识和技能，并提供学习的支持和反馈。在 OBE 中，教师的任务是为学生设定明确的学习目标，并根据学生的学习需求和水平制定个性化的教学计划。教师需要提供资源和指导，帮助学生主动地探索和发现知识，并在学习过程中培养学生的自主学习能力和批判性思维能力。教师还需要与学生建立良好的师生关系，鼓励他们参与学习和表达自己的想法。教师应该提供正确的指导和支持，帮助学生克服困难，理解学习中的挑战，以及学会解决问题和建立解决方案的能力。教师在 OBE 中的角色变得更加重要，他们需要灵活应对学生的需求和学习进展，为学生提供个性化的学习支持和反馈。教师的目标是培养学生的学习兴趣、自主学习能力和终身学习的态度，使他们成为在不断变化的社会和职场中成功发展的人才。总而言之，OBE倾向于教师的指导和支持，培养学生的自主学习能力和批判性思维能力。教师在OBE中扮演引导者和指导者的角色，帮助学生实现学习目标并获得必要的知识和技能。这种学习方式鼓励学生主动参与学习过程，培养他们的学习能力和终身学习的态度。

在OBE中，教师倾向于采用启发式的教学方法，激发学生的思考和学习兴趣。教师鼓励学生提出问题、探索解决方案，并与他们进行开放和富有启发性的讨论。此外，教师还应该为学生提供学习的反馈和评估。在OBE中，评估不仅仅关注学生的知识掌握程度，还关注他们的能力发展和成果达成情况。教师通过提供有针对性的反馈和建议，帮助学生识别自己的学习需求和改进的方向。教师在OBE中还发挥着培养学生综合素质和价值观的重要作用，他们通过教育和引导，帮助学生培养批判性思维、创造性思维、沟通能力、合作精神等重要的综合素质。教师致力于培养学生的全面发展，使他们具备面对现实生活和职业挑战的能力。总而言之，OBE中的教师角色不仅仅是知识的传授者，更是学习的支持者和学生的伙伴。他们为学生提供个性化的支持和反馈，并致力于培养学生的综合素质和价值观。这样的教学方式鼓励学生的自主学习和思考能力的发展，帮助他们成为终身学习者和成功的个体。

6. 关注顶峰成果而不是累积成果

传统教育将学生每次学习的结果都累积起来，用平均结果代表最终成果。这样，学生某一次不成功的学习，就会影响其最终成果，历年来，传统教育最遭人诟病的地方就在于“一张试卷定成败”，不考虑平时学生取得的成果，仅仅一次的测试不由得会陷入片面主义。OBE 聚焦的是学生最终达成的顶峰成果，学生某一次不成功的学习，只作为改进教学的依据，不带入其最终成果，最终成果一定是积累的、科学的，关注于学生每一个阶段的进步。

在 OBE 中，重点放在学生能够达到的顶峰成果上，而不仅仅是对知识的简单累积。传统的教育模式通常注重学生能够掌握大量的知识和技能，以应付考试和评估。而 OBE 更加强调学生能够在特定领域内达到高水平的成果。OBE 通过设定明确的学习目标和评估标准，帮助学生明确他们所期望达到的顶峰成果。这些顶峰成果可以是实际应用项目，也可以是解决复杂问题的能力，还可以是具体领域内的专业知识和技能。通过追求顶峰成果，学生受到激励去深入学习，去理解知识的本质和价值，他们不仅仅知道知识，还能够将其应用于实际情境中，并产生具体的成果或解决问题的能力。此外，OBE 强调学生的反思和自我评估。学生需要思考自己的学习进展，对自己的成果进行评估，并提出改进的措施。这种反思和自我评估的过程，能帮助学生认识自己的学习需求和发展方向，以更好地实现顶峰成果。总的来说，OBE 关注学生能够达到的顶峰成果，而不仅仅是对知识的简单累积，通过设定明确的学习目标和评估标准，学生受到激励去深入学习、实践和反思。这样的学习方式使学生能够在特定领域内达到高水平的成果，并培养他们解决问题、应用知识和实现成果的能力。

学生的学习过程是基于实现特定学习成果的导向。这意味着学生需要明确了解他们预期达到的学习成果，并在学习过程中积极努力追求这些目标。为了帮助学生达到这些学习成果，教师在 OBE 中扮演着关键的角色。(1)教师需要设定明确的学习目标,并在整个学习过程中提供指导和支持,确保学生在追求学习成果的过程中得到必要的帮助。(2)教师还需要使用多种教学策略和方法,以满足不同学生的需求和学习风格。他们可以采用讨论、合作项目、实践和实验等方式,帮助学生更好地理解和应用所学的知识和技能。此外,一方面,OBE 强调学生的自主学习和自我评估。学生需要积极参与学习过程,对自己的学习进行反思和评估,并主动寻求改进和反馈。这种自主学习和自我评估的过程有助于学生发展批判性思维和自主学习能力。另一方面,OBE 还强调学生的实践经验和实际应用。学生有机会将所学的知识和技能应用于实际情境中,解决真实世界中的问题。这种实践经验可以帮助学生更好地理解和应用所学的知识,并提供他们在未来工作和生活中的实用技能。总的来说,OBE 强调学生的学习成果导向,学生需要明确并追求特定的学习成果。教师在这个过程中起着指导和支持的作用,帮助学生设定学习目标,选择合适的教学策略,并进行必要的指导和反馈。学生通过自主学习、自我评估和实践经验,不仅仅获得知识和技能,还培养了批判性思维、自主学习能力和实践能力。

7. 多样化成功而不是标准化成功

传统教育在教学进程中的评价将学生分成三六九等,而最终成果也被划分成不同等级,从而将学生分成了不同等级的成功者,等级低的学生就会被定义为失败者,不利于学生自信心的构建。OBE 秉持所有学生都是成功学习者的理念,仅将学生进行结构性区分或分类,采取各种鼓励措施,创造各种机会,逐步引导每一位学生都成为成功的学习者,达成顶峰成果。

学生的成功不仅仅被定义为达到标准化的评估要求,还包括多样化的成功标准和个人成果。传统的教育模式通常采用标准化的评估方式，要求学生达到特定的学习标准。然而，OBE 认识到学生的能力和天赋各不相同，因此强调多样化的成功标准。OBE 鼓励学生在个人兴趣和激情的基础上追求成功。学生可以根据自己的独特才能和目标制订个人化的学习计划，并根据自己的兴趣和能力发展各种学科的知识和技能。此外，OBE 也认识到成功不仅仅是学术方面的成就，还包括个人素质和综合能力的发展，这些综合能力可能包括沟通能力、领导能力、创造性思维、合作精神等。学生的成功可以体现在解决问题、应用知识、参与社会活动、实践创新等方面。因此，在 OBE 中，教师的任务不仅仅是帮助学生达到标准化的评估要求，更是鼓励学生发展个人潜能、追求自己的兴趣和目标，并实现多样化的成功。教师需要支持学生制定个人的学习目标，并进行相应的指导和反馈，以帮助他们实现自己的个人成功。总的来说，OBE 强调多样化的成功标准，鼓励学生根据自己的兴趣和能力追求个人化的学习成果。学生的成功不仅仅体现在学术成就上，还包括个人素质和综合能力的发展。教师在 OBE 中的角色是支持学生制定个人目标、发展个人潜能，并促进他们实现多样化的成功。

学生的成功不仅仅关注学术层面的成就，也强调培养学生的价值观和道德品质。OBE 认识到，学生的综合素质和道德品行同样重要。教师在 OBE 中扮演着培养学生的价值观的角色，他们通过教育和引导，帮助学生培养积极的价值观和道德品质，如诚实、责任感、尊重和公平等。教师通过示范和引导学生参与社会公益活动、团队合作和公正决策等，鼓励学生成为有社会责任感、道德品行高尚的个体。此外，OBE 还注重培养学生的自我意识和情感发展。教师帮助学生认识自己的情感需求，并提供相应的支持和指导；学生学会正确认识自己的情感，并有效地处理自己的情绪和与他人的关系。OBE更加强调学生的整体发展和幸福感。学生的成功不仅仅是单一的学术成就，而是在知识、技能、价值观和情感等多个方面的综合发展。教师通过关注学生的整体需求和发展，帮助他们成为有意义、积极和幸福的个体。总之，在OBE中，学生的成功不仅仅是学术层面的成就，还包括价值观的培养、情感的发展和整体的幸福感。教师在OBE中的角色是培养学生的价值观和道德品质，并关注学生的情感需求和整体发展。通过教育和引导，教师帮助学生成为综合发展的个体，并提高他们的幸福感和生活质量。

8. 合作学习而不是竞争学习

传统教育重视竞争学习，通过评分将学生区分开或标签化，将教师与学生、学生与学生之间的关系置于一种竞争环境中。在这种环境中，学习成功者和学习失败者之间不可能建立一种和谐互动的关系，很可能发展成恶意竞争。实际上，同学之间应该是合作和竞争相结合，并且合作大于竞争的关系，传统教育就忽视了这一点。OBE强调合作式学习，将学生之间的竞争转变为自我竞争，即让学生持续地挑战自己，将自己视作竞争对手可以很好地避免恶意竞争，并且督促自己不断进步，为达成顶峰成果而合作学习。通过团队合作、协同学习等方式，使学习能力较强者变得更强，使学习能力较弱者得到提升。

合作学习被看作是一种更有效的学习方式，与传统的竞争学习方式有所不同。在传统的教育模式中，学生常常被置于竞争的环境中，他们需要在班级或考试中取得更高的成绩，以获得更多的奖励或升学机会。这种竞争导向的学习方式可能使学生之间形成对抗性的关系，而且强调个人的成就而忽视了合作的重要性。

而在 OBE 中，合作学习被认为是一种更能促进学生全面发展和综合能力的学习方式。(1)合作学习鼓励学生相互协作，在小组或团队中共同学习和解决问题。学生通过与他人的交流和合作，共同探索，发展批判性思维、沟通、领导和团队合作等社交技能。(2)合作学习有助于学生互相倾听和尊重他人的看法，培养他们的合作能力和社交能力。通过与他人的互动和合作，学生可以分享和交流他们的想法，互相提供反馈和支持，共同解决问题，从而达到更深入的学习和更好的学习成果。(3)合作学习也有助于培养学生的团队合作和协作能力，这是在现实生活和职业环境中至关重要的技能。通过与他人的合作学习，学生可以学会有效地与他人合作、解决冲突和实现共同目标。综上所述，在 OBE 中，合作学习被认为是一种更有效和有益的学习方式，与竞争学习相比，更能促进学生的全面发展和综合能力提升。合作学习不仅有助于学生的学术成就，还培养了他们的社交技能、团队合作能力和协作能力，为他们未来的生活和职业发展打下重要基础。

合作学习在 OBE 中还有一些其他的好处。通过与其他学生合作学习，学生可以更好地理解和应用知识；通过相互讨论和互相解释的过程，加深对学习内容的理解。这种相互教授和学习的过程可以促进学生的深度思考和批判性思维能力的发展。合作学习还可以提供一个支持和鼓励的环境，鼓励学生克服困难和挑战。学生能够互相帮助、互相支持，在团队中共同解决问题，这有助于建立学生的自信心和动力，提高他们的学习兴趣和参与度。此外，通过合作学习，学生还可以从其他人的经验和观点中受益。每个学生都有自己独特的知识、技能和经验，通过与其他学生合作学习，学生可以互相学习和借鉴。这种知识和经验的共享可以拓宽学生的视野,促进他们的终身学习和自我发展。综上所述,在 OBE 中,合作学习被认为是一种更加有益和有效的学习方式。合作学习能够促进学生的深度思考和批判性思维能力的发展,提供支持和鼓励的环境,培养学生的自信心和动力,同时也提供了学生互相学习和知识共享的机会。

9. 达成性评价而不是比较性评价

传统教育强调比较性评价,在学生之间区分出优、良、中、差等不同等级。

OBE 强调自我比较,而不是学生之间的比较;强调是否已经达到了自我参照标准,其评价结果往往用“符合/不符合”“达成/未达成”“通过/未通过”等表示。由于采用学生各自的参照标准,而不是学生之间的共同标准,故评价结果没有可比性,不能用于比较。

达成性评价是一种更为重要和有效的评价方式,与传统的比较性评价有所不同。传统的教育模式通常采用比较性评价,将学生之间进行比较,评估他们在某个标准上的相对排名。这种评价方式侧重于通过比较来区分学生的差异,并基于排名或分数给予奖励或惩罚。然而,比较性评价可能忽视学生的个体差异和不同的学习节奏,可能造成学生之间的竞争和焦虑。相比之下,在 OBE 中,达成性评价更关注学生在个人学习目标的达成程度,强调每个学生在很多不同能力和知识领域上的发展。学生的成绩或评价不再是与他人比较,而是与自己的学习目标进行对比和评估。达成性评价通过对学生的学习成果、表现和能力的直接观察和收集证据来进行,这些证据可以来自学生的作品、项目、报告、演示或表现等。通过对学生的实际表现进行评估,评价者可以了解学生在何种程度上达到了预期的学习目标和标准,以及他们在不同领域的知识和技能。达成性评价的重点是提供对学生的具体反馈和指导,帮助他们发现自己的优点和改进的方向。评价者通过正向的鼓励和指导,激发学生的学习动力和自我发展的欲望。学生可以了解自己的学习进度和成就,并根据需要进行调整和改进,以更好地实现自己的学习目标。此外,达成性评价还提供了一个全面评估学生综合能力和素质的机会。除了学业成绩之外,评价者还可以考虑学生的实际表现、领导才能、创造性思维、问题解决能力、合作精神等方面。这样的评价方式更符合现实生活和职业环境中对综合能力的要求。综上所述,在 OBE 中,达成性评价被认为是一种更为重要和有效的评价方式。它关注学生个体的学习目标达成情况,强调个体发展和全面能力的评估,同时提供对学生的具体反馈和指导。达成性评价助力学生了解自己的学习进度和成就,并激发他们的学习动力和自我发展的欲望。

通过达成性评价,学生能够更好地了解自己的学习进展,并在需要时进行调整和改进。它不仅关注学术成绩,还能够评估学生在实践中应用知识和技能的能力。这种评价方式鼓励学生主动参与学习过程,培养他们的自主学习能力和自我评估能力。另外,达成性评价还能够提供更全面和客观的评价结果。传统的比较性评价可能只关注学生在某个特定时间点的表现,忽视了学生的进步和成长;而达成性评价则通过对学生在一段时间内的学习过程和成果进行评估,提供更全面的评价结果。达成性评价也能够帮助教育机构和教师改进教学方法和学习环境。通过评估学生的学习成果和表现,教师可以了解自己的教学效果,发现学生的学习需求和困难,并相应地调整和改进教学方法。教育机构可以通过评估学生的学习成果来评估教育政策和课程设置的有效性,并进行必要的改进和调整。总之,达成性评价在OBE中被认为是一种更为重要和有效的评价方式。它将学生的学习目标和个体差异放在首位,对学生进行反馈和指导,激发学生的学习动力和自我发展的欲望。同时,它也能够提供更全面和客观的评价结果,帮助教师和教育机构改进教学和学习环境。

10. 协同教学而不是孤立教学

传统教育将教学单元细化为一个个孤立的课程教学,承担每门课程教学任务的教师独立开展教学工作,很少顾及不同课程教学之间的协同效应。OBE强调教学的协同性,要求每一名承担课程教学的教师,为了达到协助学生达成顶峰成果的共同目标,进行长期沟通、协同合作,来设计和实施课程教学及进行评价。

协同教学被视为一种更有效和有益的教学方法,与传统的孤立教学方式有所不同。传统的教学模式通常是以教师为中心,学生在课堂上被动接受知识和信息,这种孤立教学方式强调教师的权威和知识传授,学生在学习过程中较少参与和互动。然而,这种教学方式一定程度上限制了学生主动学习和探索的能力,也较少培养学生的社交技能和合作能力。相比之下,在OBE中,协同教学强调教师与学生之间的互动和合作。教师与学生共同参与学习过程,共同探索和解决问题,共同创造知识。学生不再是被动的知识接受者,而是积极参与者。协同教学通过小组活动、合作项目、讨论和互动等方式促进学生之间的合作和团队协作,学生可以分享和交流自己的观点和经验,互相学习和支持。这种互动和协作的过程不仅有助于学生的学术发展,还培养了他们的社交技能、沟通技巧、领导才能和团队合作能力。协同教学还可以提供丰富的学习资源和多样的观点。每个学生都有独特的知识、经验和见解，通过协同教学，学生可以从彼此的经验中学习和借鉴。教师也可以充当引导者和学习资源的提供者，为学生创造一个充满启发和激励的学习环境。此外，协同教学也有助于培养学生的批判性思维和问题解决能力，学生通过与他人的讨论和互动，学会考虑不同观点、解决问题和做出合理的决策。这种批判性思维和问题解决能力是他们未来在学术、职业和日常生活中的重要技能。综上所述，在 OBE 中，协同教学被认为是一种更有效和有益的教学方法。协同教学能够促进学生的学习主动性，提高他们的社交技能和合作能力，提供丰富的学习资源和多样的观点，以及培养学生的批判性思维和解决问题能力。

协同教学还能够激发学生的学习兴趣和动力。通过与同伴进行合作学习，学生可以感受到学习的乐趣和意义，增强学习的动机和积极性。他们会发现学习可以是一种有趣和富有挑战的事情，而不仅仅是为了得到好成绩或应对考试而进行的机械活动。这种积极的学习态度和动力对学生的长期学习和发展具有重要意义。此外，协同教学还可以培养学生的社交和人际交往能力，通过与同伴进行协作和互动，学生有机会锻炼自己的团队合作、沟通和协调能力。这对于他们未来的社交和职业发展非常重要，因为在现实生活和工作中，团队合作是必不可少的技能。同时，协同教学也有助于建立积极的学习环境和支持系统。学生在互相合作和支持的过程中，建立起互信和友谊，他们可以互相分享学习经验、解决学习困难，互相鼓励和支持。这样积极的学习环境有助于学生感到安全和受到尊重，激发他们更好地参与学习和探索的欲望。总而言之，协同教学在 OBE 中被认为是一种更有效和有益的教学方法。它能够激发学生的学习兴趣和动力，培养他们的社交能力，建立积极的学习环境和支持系统。通过协同教学，学生不仅可以获得知识和技能，还能够发展终身学习的能力，提高综合素养。

第三章　成果导向在实践过程中的争议与反思

第一节　成果导向在实践过程中的争议

一、“成果导向”可能会被滥用

斯派迪(Spady)提出 OBE 时就曾警告，要防止日后人们会把任何与成果相关的东西都称为“成果导向”(outcomes-based)，哪怕它们本该被归入“时间导向”(time-based)或“课程导向”(curriculum-based)的范畴。而真正的成果导向教育是必须与“向下设计”挂钩的，整个设计必须以成果为起点和核心来设计教学环节，最终通过合适的测试评估来判定成果的达成程度。但难点也随之而来：成果必须是具体和可测的，否则无法进行之后的测试评估；但同时太过于具体的成果又难以在师生间达成一致的目标，并且在此过程中会影响学习的整体性。于是，对成果的评测成为制约 OBE 推广实施的主要难点。

鉴于此，阿卜杜拉(Abdullah)提出应根据调研业界专家、相关教育领域专家并参考相应国际标准等方法进行界定。对于测试评估的设计，麦克泰格(McTighe)提出应综合考虑学生的表现

(performance)、态度(attitude)和进步程度(progress)三方面。而标准化测试是测评学生表现的一个较简单也较准确的方法，但尚未在关于OBE的教育科研的实验设计中大量应用。例如，莫克(Morcke)从1999至2010年间与OBE有关的2168篇论文中筛选出了8篇与医学界有关的，有具体的实验设计和可验证的观察数据的，而且讨论了学习成果对教学有影响的文章进行进一步的分析，发现其中只有1篇运用了标准化测试作为测试评估的方法，其余的均只采用了主观的问卷调查等方法进行评估。

二、难以摆脱的“高期望值”

虽然OBE的核心原则之一是“高期望值”，即希望学生能够尽自己的全力，不断提升自己的学习目标，达到自己学习能力的极限。但是，诸多教育界学者对此有异议，担心OBE为鼓励学生自主学习而淡化“失败”这个概念，会降低学生们的学习积极性；而且以“达标”(adequacy)作为衡量阶段学习的标准时，学生容易失去进一步追求“卓越”(excellence)的动力。也有学者担心明确规定“成果”的标准又会走上“应试教育”的老路；但多年的教育学研究早已表明，真正的“意义学习”(meaningful learning)所产生的学习效果更好，学生成绩也更高。

三、“学习成果”难以界定和评价

从目前的分析中可以看出，成果导向教育理念与专业评估密切相关，但OBE似乎一直缺乏能将如何定义结果和支持课程的教学活动二者之间联系起来的强有力的理论基础。普里多克斯和诺曼(Pulibox and Norman)的研究，专门质疑了学习成果与教学之间联系的本质。在实际操作可行性方面，由于OBE对教师的教学准备工作提出了过高的要求，导致在推广中遇到重重阻力，甚至出现倒退。诸多研究表明，虽然国际主流在慢慢接受并广泛运用OBE，但在澳大利亚、南非等曾经带头大力提倡OBE的国家却于近年开始了“去OBE化”，主要原因是推行OBE的进程过快。如澳大利亚在OBE提出后就立即强制在中小学执行，而这些中小学教师被迫在还未进行必要培训和缺乏针对性评估指导的情况下进行各类十分陌生的教学成果测试评估工作，如对创造性、责任感等较抽象、较主观的成果进行评估。

四、 成果导向教育难以被教育工作者接受

对于一些教育工作者来说，接受成果导向教育可能存在一些挑战和困难。首先，成果导向教育要求教育工作者转变他们的教学方式和评价方法。传统的教育模式通常侧重于教师的知识传授和控制，教育工作者可能习惯了这种角色和教学方式。而成果导向教育鼓励学生的主动学习和参与，并强调学生的实际成果和能力的评价。这对教育工作者来说需要有一定的转变和适应。其次，成果导向教育可能需要教师更多的时间和精力来进行学生成果的评价和反馈。教育工作者需要密切观察学生的学习过程和成果，并提供个性化的反馈和指导。这可能需要教育工作者投入更多的时间和精力，同时也需要他们具备能够有效评价和指导学生的能力。此外，成果导向教育可能面临一些挑战和压力，因为教育工作者需要根据一系列的学习目标和标准评估学生的成果。这可能需要教育工作者花费更多的时间和精力，制定适合不同学生的学习目标，并设计相应的评价工具。同时，评价过程中也需要教育工作者保证评价的客观性和

公正性。尽管成果导向教育对于教育工作者可能存在一些挑战和困难，但它也带来了许多潜在的好处和机会。成果导向教育注重学生的实际学习成果和能力发展，可以更好地满足学生个体差异和学习需求。它强调学生的主动学习和参与，培养学生的学习动力和自主学习能力。对于教育工作者来说，接受成果导向教育可能需要一定的时间去适应，但它也为他们提供了更全面和个性化教育的机会。

实施成果导向教育需要教育工作者改变他们的教学方法和评价方式。他们需要从传统的以教师为中心的教学方式转向以学生为中心，关注学生的学习成果和能力发展。这种转变可能需要教育工作者进行专业发展和培训，以了解和应用成果导向教育的原则和实践。另一个挑战是，成果导向教育可能需要更多的时间和努力来评估学生的学习成果和能力。与传统的基于考试和分数的评估方式相比，成果导向教育倾向于更多地依赖实际表现和持续观察，需要更多的学生作品和项目来进行评估。这对于教育工作者来说，可能需要更多的时间和资源来进行评估和提供个性化的反馈。此外，一些教育工作者可能对成果导向教育抵触，担心它会限制他们的教学自由和创造力。他们可能认为过度关注学习成果会导致教育变得功利化，忽视了学生的兴趣、热情和综合发展。因此，为了推动成果导向教育的实施，需要进行相关的教育工作者培训，解释和讨论成果导向教育的优势和价值。针对这些挑战，教育机构和政策制定者可以采取一系列的措施来促进教育工作者对成果导向教育的接受。这包括提供专业发展和培训机会，以帮助他们了解和应用成果导向教育的原则，鼓励教育工作者参与教学创新和实践研究，以及提供支持和资源来帮助他们有效地实施成果导向教育。最重要的是，教育工作者的参与和反馈是推动成果导向教育实施的关键。他们应该被视为成果导向教育的合作伙伴和关键利益相关者，与他们合作，共同探索和改进教育实践。只有通过这样的合作和共同努力，成果导向教育才能得到广泛的接受和有效的实施。

要想推行成果导向教育，就对教师以及教育机构提出了更高的要求，增加了教师的工作量。例如，原本教师只需要在学期中以及学期末出一些试卷对学生的学习成果进行评价，但是成果导向教育要求教师要根据学生学习的整个过程，既包括课程上，还包括课后作业、课后实践环节等多个方面对学生进行评价，评价内容更加丰富。另外，传统教育只有一个总的目标，教师只需要沿着这一目标引导学生，成果导向教育强调人人都能获得成功，肯定每个人在不同方面的成功。基于此，成果导向对于教师提出更高的要求，这些心理上和工作上的压力难免使不少教师对 OBE 的推行产生抵触情绪，这是导致 OBE 遭到非议的根源。OBE 理念在澳大利亚提出后强制在中小学执行，使中小学教师产生了严重的抵触心理，使 OBE 理念在澳大利亚难以进行下去。反之，美国从一开始就由教育研究者研究 OBE 如何具体操作实施，并在小范围内通过精心设计过的教育科研实验来研究其相对于传统教育的效果，稳妥推广；从试点学校开始逐步扩大试点范围，再由有实际操作经验的教师，辅以严谨实验所得的结果，证实 OBE 比传统教育效果更优越，从而向更多教师推广，以求得更多教师的认同与支持。在这条稳妥的推广路线下，美国教育界现在已经全面接受并推行 OBE 了。因此，我国在实施成果导向教育过程中，也应该小范围试点，逐步扩大，切忌急功近利。

五、成果导向的理论基础不扎实

还有个问题是，OBE的缘起是行为主义理论，但这种理论与现代学习理论相比，已显得有些过时，行为主义理论无法解释学习成果与教学之间学理上的逻辑关系。OBE的重点是评估可证明的能力方面，但应该记住，斯派迪(Spady)说，影响(affects)不是学习成果，因为这与他的行为主义立场相冲突。能够帮助我们更广泛地思考OBE局限性的理论是比格斯(Biggs)和唐(Tang)的建设一致性课程框架(constructive alignment curriculum framework)，该框架强调教学/学习过程以及评估。与OBE一样，建设一致性课程框架要求明确地说明预期的学习成果，它也将重点放在评估系统上，该框架要求学习者展示对预期学习成果的熟练程度，这一框架通过鼓励学生参与适当的活动，而达到期望的表现水平。因此，建设一致性课程框架拓宽了OBE的理论基础。然而，也有研究争论到建设一致性课程框架排除了与情感和专业属性有关的学习元素，这一理论框架可以被描述为建构主义的框架。事实上，即便OBE可以与建构主义理论相调和，也不能令人信服地证明OBE已经超越了其行为主义起源。因此，截至目前，我们可以这样认为，OBE在第二个倡导周期之后，就再也没有新的理论支持，与20世纪70年代相比，OBE的理论基础依旧不够坚实。与其说OBE是理论，不如说它是一种理念，它更接近于为职业精神的情感和复杂要素提供一个课程框架。

六、难以摆脱"目标模式"的限制

OBE虽然在关注成效、时间的弹性化，体现以学习者为中心等方面对传统教育模式进行了相应的修正，而强调学习者的学习产出仍是其出发点与归宿，严格意义上来说，成果导向教育仍属于目标模式的范畴，对目标模式所存在的不足并未完全避免。对于目标模式的不足，相关学者早已进行了多方面的批判与反思，其批判与质疑主要包括：忽视过程，机械、缺乏变通与灵活性，受限于目标、忽视目标之外的影响，个别化、个性化需求未得到有效满足等。比如，“过程模式”的提出者斯腾豪斯（Lawrence Stenhouse）早在 20 世纪 70 年代就提出，目标在教学过程中应该不断被修订，他还批评了那种对目标模式的盲目崇拜、不加分析地用于实际的做法。成果导向过于强调学习成果，一定程度上忽视目标的不断修改。后现代主义课程观的代表人物多尔（William E. Doll）则更进一步提出，课程应是教师与学生在对话、协商中不断生成的，而不是事先预设的。目标模式存在的不足，对目标模式的批判同样适用于 OBE。同时，在实践中亦有教师认为，OBE 中清楚地列出所有学习后的实质性成果，并设计出客观明确的衡量标准的做法，对于那些没有特定步骤的人文学科、创意工业等领域也许反而不妙。

OBE 的优势在于根据最终的学习成果来预设课程、教学等，其劣势在于根据具体情况、现实需要进行教学、学习过程中的设计，这使得 OBE 未能完全脱离目标模式的限制，仍然未能完全避免目标模式注重目标、忽视过程的不足。目标的达成具有一定的滞后性，所谓滞后性是指，教育目标并不是在教学结束时就实现的，而是经过一段时间之后，在学生成长过程中逐渐发挥作用的。例如，小学教师所教授的知识，当时对学生产生的影响可能微乎其微，但在学生初中或者高中阶段会忽然想到小学教师所传授的知识。OBE 不仅容易造成对过程的忽视，还易因目标的滞后性问题对教育教学产生不良影响。OBE强调按最终学生能做什么来组织课程、教学和开展评价，而学生最终能做什么一般是按照以前和当下的情况来设定的，严格按照所预设的成果来开展教育易出现以昨天的决策来组织今天的课程、教学与评价。教育在很大程度上是为学生的未来生活做准备，目标的滞后性易成为限制学习成效的一大因素。在OBE应用实践中，若未能很好地解决这一问题，那么出现杜威(Dewey)所说的"以昨天的方式教育今天的孩子，会毁了孩子的明天"的情形也不是不可能的。

第二节　成果导向教育的反思

一、成果导向教育模式的反思

OBE教育理念在应用过程中存在很多问题，如前所述，OBE理念中的学习成果很难界定，而成果导向又要求每个学生都获得成功，对学生有过高的期望值，如果明确规定学生学习成果可能会使OBE理念走向应试教育的老路，而多年的教育学实践证明：真正有意义的学习才能使学生获得更好的学习成绩，产生更好的学习效果。成果导向过于强调学习成果而忽视学习过程，而斯腾豪斯(Stenhouse)早在20世纪70年代就提出过程模式，过程模式是与成果导向相反的教育理念。斯腾豪斯认为，教学目标应根据教学过程不断做出修改，他还批判了盲目推崇目标模式，而不根据实际情况加以设计的做法。OBE理念不能完全脱离目标模式，其实施过程还是重结果、轻过程，而目标的达成具有滞后性，这可能会对教学产生不良影响；学生具有未完成性和整体性的特点，学生学习成果的达成应该是长期教学效果的积累，而每一次的教学活动应该为学生提供一定的适应未来的能力，为学生未来的成功打下一定基础；OBE 理念强调的学习成果更多的是行为上的，而忽略了学生情感价值观等方面成果。另外，学习成果也有不同类型，每个学生的发展不同，需要的学习成果也不同，成果导向在一定程度上不利于因材施教；学生的成果具有多样性，条条大路通罗马，OBE 教育理念更倾向于一种标准化的培养，不利于学生个性化发展，而学生是动态变化的，始终以不变的标准要求学生会使教学变得僵化，正如杜威所说："以昨天的方式教育今天的孩子，会毁了孩子的明天。"

成果导向教育模式在实施过程中可能需要进行反思和评估，以确保它能够实现预期的效果并满足学生的需求。首先，需要关注学生的全面发展。成果导向教育强调学生的学习成果和能力发展，但同时也应该重视学生的综合素养、道德价值观和情感发展。教育不仅仅是为了传授知识和技能，还应该培养学生成为全面发展的个体，有良好的品德和社会责任感。其次，需要确保成果导向教育不仅关注学生的学习成果，还应注重学习过程。学生在学习过程中遇到的挑战和困难，以及他们如何解决问题和应对挑战同样重要。成果导向教育应该鼓励学生积极参与学习过程，并提供机会让他们发展自主学习和批判思维的能力。再次，成果导向教育模式需要确保学生的个体差异和需求得到有效支持。学生在学习过程中具有不同的能力、兴趣和学习风格，成果导向教育应该提供不同的学习途径和支持，确保每个学生都有机会实现自己的学习目标和潜力。同时，应该考虑评价的公平性和可靠性。成果导向教育强调对学生学习成果的评价，但评价方式和标准需要公平和可靠。教育机构和教育工作者应该确保评价工具和程序的科学性和客观性，避免评价结果的主观性和偏见。最后，成果导向教育模式需要与现实需求和未来职业发展相结合。学生的学习成果和能力发展应该与实际需求和职业要求相匹配。教育机构和教育工作者需要与行业合作，了解行业的需求和趋势，并为学生提供适应未来发展的知识和技能。通过对成果导向教育模式的反思和评估，可以不断改进和完善教育实践，确保学生获得最佳的学习和发展机会。

此外，对于成果导向教育模式的反思还应包括教育系统和政策层面的考虑。教育机构和政策制定者应该关注以下几个方面：(1)资源和支持：教育机构和政策制定者需要提供足够的资源和支持，以支持成果导向教育的实施。这包括提供教学材料、技术设施、专业发展机会和师资培训。教育工作者需要适应新的教学和评价方式，并获得支持和反馈来提高他们的教学效果。(2)教育目标的平衡：成果导向教育模式应该与其他教育目标保持平衡。除了学术成果，教育机构和政策制定者也应该关注学生的社交情感发展、健康素养和人格品质的培养。教育应该是全方位的，关注学生的全面成长。(3)各方合作：实施成果导向教育需要多方的合作和参与。教育机构、教育工作者、学生、家长和社区应该合作，共同实现教育目标。他们可以进行定期的沟通和合作，分享信息、提供支持和进行反馈，以促进学生的学习和发展。(4)不断改进：教育机构和政策制定者应该不断评估和改进成果导向教育的实践。通过研究和总结实践经验，他们可以发现哪些方面是成功的，哪些方面需要改进和调整。教育系统应该保持灵活性，不断适应新的教育理念和实践。综上所述，对成果导向教育模式的反思是必要的，以确保它能够实现预期的效果并满足学生的需求。教育机构、教育工作者和政策制定者应该共同努力，不断改进和完善成果导向教育的实践。

二、成果导向与过程模式相结合的设想

成果导向教育理念本质上仍然属于目标模式的范畴，成果导向过于强调学习成果而忽视学习过程，在最初的教学实践中，过程模式是为解决课程内容难以激发学生的学习兴趣以及教育形式化的问题，过程模式在激发学生学习兴趣的同时采用讨论法进行教学，并设置了保障讨论顺利进行的方法，即"过程原则"。"过程原则"源自比格斯(Biggs)的另一个概念，他认为大多数关于教育目标的争论实质上是关于过程原则的争论，教育目标与不同的评价方式有关，这些评价方式又镶嵌在教育过程中。具体来说，教学目标是需要在教学过程中实现的，因此不能将目标和过程隔断，二者是相互联结的。他引用了在政治上两类不同的人所追求的社会平等的例子来说明"目标"(aims)与"过程原则"的区别：一类人追求的是作为一般目标的积极意义上的平等；而另一类人则没有与平等相联系的具体目标，仅仅坚持无论做出什么样的计划，必须以一种不违背其过程原则的方式提出，而这是一种消极意义上的平等原则。基于此，比格斯提出了他对两者区分的解释："在我看来，大多数关于教育目标的争论是关于过程原则的争论，而不是关于通过合理的手段来实现目标意义上的'目标'的争论。所谓的'目标'总是与不同的评价有关，这些评价被嵌入不同过程，比如培训、管理、权威的使用，通过举例和合理的解释来教学，所有的这些过程都可以归于一般的'教育'概念之下。"斯腾豪斯(Stenhouse)认为比格斯的"过程原则"对他的研究很有帮助，而且，这种"更消极的意义"似

乎暗示着“过程原则”是对目标追求方式的限制。然而,采用这种作为引导进入知识领域的目标似乎为源于目标自身的、积极的过程原则提供了一个基础。但是,“过程原则”往往最容易消极地形成,甚至当其源于这种目标时也是如此。由于在那个领域内获得知识的原则是不确定的,因此,在原则上,限定某种特定知识领域的追求应该包括什么比确定这一追求应该排除什么更加困难。而在某种意义上,基于知识的本质这一原则应该永远是临时的,且向讨论开放的。斯腾豪斯认为,过程模式是与成果导向相反的教育理念,教学目标应根据教学过程不断做出修改,因为教师和学生都是动态变化的,静止不变的教学目标不利于课程的进行;他还批判了盲目推崇目标模式,而不根据实际情况加以设计的做法。由此可以看出,斯腾豪斯和比格斯的观点在一定程度上有相似之处。斯腾豪斯还认为,在注重知识理解的教育模式中,过程模式更加合理,他从教师面临的教学问题开始,认为教育是未来生活的准备,而教育的价值内容是课程内容的一部分,不能提前规定教师在教学过程中的具体行为,这样对学生学习是不利的。

成果导向与过程模式相结合是一种可以极大提升工作效率和效果的设想。成果导向注重结果的达成,强调明确的目标和衡量指标,以及为达成这些目标做出的具体行动;而过程模式则强调工作过程的规范和流程,重视团队协作和沟通。将这两种模式相结合,可以充分发挥它们的优点。首先,明确的目标和指标可以激发团队成员的动力和主动性,让他们全力以赴地追求成果;同时,制订详细的行动计划和时间表也能够提高团队的工作效率,确保各项任务按时完成。其次,注重过程的规范和流程可以提高工作的质量和稳定性。通过建立有效的沟通渠道和协作机制，团队成员可以更好地合作，利用彼此的优势共同完成任务。这种模式还可以促进知识共享和学习，让团队成员相互借鉴经验和技能，不断提升自己的能力。最后，在实践中，可以通过定期的回顾和评估来不断优化和改进工作模式。这样可以及时发现问题和短板，并针对性地进行改进，使团队的工作更加有效和高效。通过成果导向与过程模式的结合，可以在追求目标的同时保证工作的质量和效率。这种模式适用于各种工作场景，无论是项目管理、团队协作还是个人职业发展，都可以获得更好的成果。

当成果导向与过程模式相结合时，有几个关键点需要注意。首先，明确的目标和衡量指标是成功的关键。团队成员需要清楚地知道他们所追求的目标，并了解如何衡量目标的实现程度。这样可以帮助他们以有效的方式进行工作，专注于关键任务，从而实现预期的成果。其次，过程的规范和流程需要根据团队的需求进行调整和优化。并不是每个团队都适用于同样的流程模式。因此，团队领导者应该与团队成员合作，了解他们的需求和偏好，并根据实际情况制定适合团队的规范和流程。这可以帮助团队成员在工作中更好地协作，避免冲突和延误。再次，沟通和协作是成果导向与过程模式结合中的关键要素。通过建立开放的沟通渠道和鼓励团队成员之间的合作，可以促进知识共享和创新思维；团队成员可以互相借鉴经验和技能，从而在工作中更有效地取得成果。最后，持续的评估和改进是确保成果导向与过程模式结合成功的关键。团队应该定期回顾工作过程中的成功和挑战，识别出需要改进的领域，并采取行动进行修正。这样可以确保团队在工作中持续提升，并不断适应变化的环境和需求。

综上所述，将成果导向与过程模式相结合可以提高工作效率和效果。明确的目标与衡量指标能激发团队成员的动力，而规范的工作流程和良好的沟通协作可以保证工作的高质量和稳定性。通过不断评估和改进，团队可以实现持续的进步和卓越的成果。

1. 斯腾豪斯过程模式的基本思想

斯腾豪斯(Stenhouse)在他的书《课程研究与开发导论》中论证了可以根据教学过程来进行课程开发的观点。他参考了布鲁纳(Bruner)所写的《人：一门研究之课》，该书是过程模式指导下的课程开发案例，它是布鲁纳为美国小学设计的社会科学课程。这门课程认为教师的教学行为应该由教育过程决定，而不是由预先规定的教学目标规定。过程模式要求教师对知识本身有深刻的理解，不能照本宣科，要将外部的知识技能转化为内在的理解并传授给学生，这样，学生接受的是包含教育者自身思想的知识，而不是以往课本上冷冰冰的字句道理。过程模式下的教育者有了新的身份，在教学过程中教师应该和学生一起学习，学生在教师的讲授下学习知识，教师也应该在教学过程中不断更新自身对知识的理解；在教学过程中，教师应该多用探究式教学法进行教学，而不是传统的讲授法；教师应对知识有深刻的理解，将书本上的字、句、道理结合日常生活实践并注入自身的看法传授给学生，能使学生接受到更加鲜活的知识。和成果导向相比，过程模式下的教学目标更加侧重于学生探究问题的方法及将这种学习方法应用于其他学科的能力，要求学生学会反思；过程模式注重讨论过程，因此要求学生在讨论过程中学会表达自己的观点和听取别人的观点；过程模式认为教师是学生学习的重要资源而不是权威者，教师应该帮助学生学习而不是主导学生的学习过程。综上所述,过程模式的优点可以概括为以下三点:第一,过程模式是一种更理想的课程开发方式;第二,过程模式反映了更普遍的教育价值以及基于过程的教育质量观;第三,过程模式有利于教师个人和专业的发展。

斯腾豪斯的过程模式是在对目标模式反思、批判的基础上建立的,对目标模式的批判是其过程模式理论阐述的前提和依据。斯腾豪斯认为目标模式的可取之处在于:(1)它与建立在心理学基础上的教育研究传统是相吻合的;(2)目标模式提高了教育成功与否的准则一目标的达成,这使教育评价变得相当简单明了;(3)目标模式引导教师在教学中分析性地思考他们正在力图达到些什么,使教师有据可依,使课程编制成为一个“理性”的过程。目标模式最大的特点就是它的条理性和简易性,这也许就是它最吸引人的地方。

但是,目标模式是以实用主义哲学为指导思想,并受行为主义心理学的影响,理论本身有其显著的缺陷,主要表现在:(1)目标模式误解了知识的性质。斯腾豪斯认为,知识从根本上来讲关注的是综合,它不是需要学生接受的现成东西,而是学生思考的对象,知识本身具有特定的价值,知识的价值在于激发各种类型和各种水平的理解,而不能被作为必须达到的目标来束缚人。课程设计的目标模式认为,课程内容的存在价值在于它只是实现课程目标的手段和方法,目标取向试图使行为标准化,即使它们成为公式化的东西,而不是创造性的反应。(2)目标模式误解了改进实践的过程的性质。目标模式将教育过程理解为一种简单的、机械的目标达成过程,试图通过制定明确的目标而改善实践,把目标作为衡量教学的标准,并使标准形式化地预定下来。显然,目标模式将广大教师排除在课程设计和编制之外,老师变成确定课程目标的消极执行者,学生也仅仅是知识的接受者。斯腾豪斯指出,真正的教育实践并不是按照泰勒(Taylor)所说的那套程序展开的,真正的教与学是逐步进行的,它们最大限度地向前展开,而不是指向特定目标。要靠真正进行教育活动的教师发现自己教育实践中的问题,思考并解决这些问题来实现。(3)目标模式的"标准化"测评歪曲了教育的本质,降低了教育质量标准。在评价方面,目标模式强调按照既定目标评价学生的学习结果,用考试的方法测量学生可以测量的行为,提倡一种目标参照评价和量化评价。斯腾豪斯认为,用考试的方法来测量学生的成绩,很容易忽视一些无法测量的结果,而这些无法测量的东西,如个性特征、情感特点、兴趣态度等,往往是最有教育价值的东西。

在批判、反思目标模式的基础上,斯腾豪斯产生了过程模式的最初构想,主要体现在其代表作《课程研究与开发导论》一书中。斯腾豪斯认为,课程的研究和开发应该是一个动态的、持续发展的过程,课程的设计应该是研究、编制、评价合而为一的。人们可以通过详细说明内容和过程中各种原理的方法,来合理地设计课程,而不必用目标预先指定所希望达到的结果。(1)在具体课程设计依据方面,过程模式强调通过详细说明知识内容和过程原则的方法来编制课程。课程内容是指那些能够反映学科领域内在价值的概念、原则和方法;过程原则是指导整个课程活动过程的总要求或总目标。但此总目的不同于目标模式的预定目标,它并不构成最后的评价依据,是非行为性的,主要功能是概述教育过程中可能出现的各种学习结果,并使教师明确教学过程中内在的价值标准及总体要求,而指向对课程实施的最后结果的控制。(2)在课程内容的选择方面,斯腾豪斯根据其教育目的在于传授知识、发展智力的教育观，认为应该通过分析公共文化价值、研究知识本质，来寻找有关课程内容的选择原则。他认为，知识不是一种现成的让学生接受的东西，而是思考的对象，因此赞同赫斯特（Hearst）对“知识形式”的解释和布鲁纳（Bloona）学科基本结构的思想，认为教学要传授学科结构特有的概念和过程。（3）在课程内容组织和教学方面，斯腾豪斯强调既要使之清楚地反映各学科领域的基本概念、过程和方法，又要能被普通教师教给普通学生，因此，他选择了布鲁纳的螺旋式课程组织。斯腾豪斯认为，这不仅有利于反映知识形式，而且有助于学科知识和能力的统一。在课堂教学中，斯腾豪斯提倡采用讨论法，因为这种方法有助于加深对课程的理解，能够促进知识的个别化，还可以提高学生的思考能力。简言之，过程模式实际上是要表明，课程编制的基本问题——内容选择、教学过程的开展以及评价——不是通过把一般的教育目的分解成具体的目标而得到解决的。它直接关注教育过程的不断调试，目的在于使教育产生最大限度的效益，发展人的理解、负责的判断和批判反思的能力。

然而，过程模式也存在一定的不足之处，它虽然保障了学习过程的价值顺利实现，但不能保证特定学习成果的达成，注重学生之间的讨论，这虽然能大大调动学生的学习积极性，但是有的学生毕竟有惰性，有一部分学生可能在讨论过程中浑水摸鱼，只有一小部分爱学习的学生能够在讨论过程中获得知识。

2. 在体育教育专业成果导向教育理念与过程模式结合的可行性

任何理念都不是随意结合的，也不是一定会有一加一大于二的效果，将成果导向教育理念和过程模式结合应用于体育教

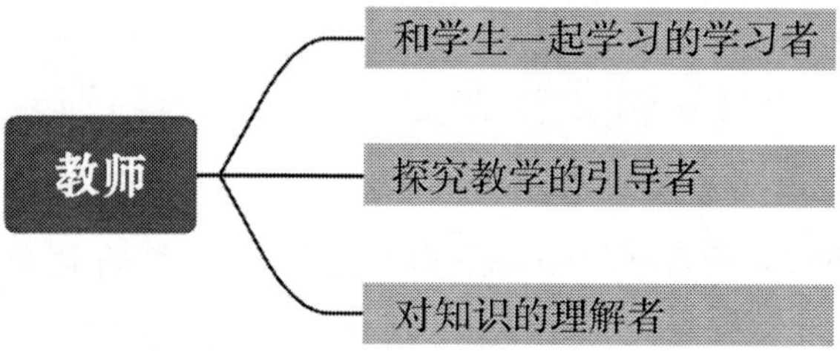

图 4　过程模式下教师扮演的角色

师职前培训存在一定的合理性和可行性。

首先，体育教育专业有其自身独有的特点，既要求学生掌握一定的动作技能，又要求学生传承发扬体育精神。成果导向的特点就是重视学习成果的达成，所有教学过程的实施都为成果的实现保驾护航，忽视成果之外的因素。在体育教学过程中，成果导向虽然一定程度上能保障学生动作技能的掌握，但是体育课是一个动态过程，除了技术动作以外，还需要培养学生团结协作、敢于竞争、热爱运动的精神，需要贯彻"健康第一"的教育理念，注重增强学生体质，最终目标是促进学生终身体育的达成，成果导向并不能实现上述所有条件。

其次，成果导向教育理念与过程模式结合是可行的。这种教育理念注重培养学生的实际应用能力和解决问题的能力，而过程模式则侧重于学习和思考的过程。结合这两种模式，可以更好地促进学生的学习和成长。成果导向教育理念强调学生通过完成具体的任务或项目来实现学习目标。这种教育模式注重实践和实际应用，使学生能够将他们所学的知识和技能应用到实际情境中。同时，这也激发了学生的学习兴趣和动力，因为他们可以看到他们学到的东西可以产生实际的成果。过程模式教育强调学生在学习过程中的思考和探索。学生通过提出问题，探索解决方案，并不断反思和调整自己的学习策略，从而培养了他们的独立思考和解决问题的能力。过程模式教育也重视学生的合作与交流,鼓励他们在小组或团队中共同解决问题,提高了学生的合作和沟通能力。将成果导向教育理念与过程模式结合起来,可以使学生既注重实践和应用,又注重思考和反思。学生在完成任务或项目的过程中不仅学习知识和技能,还培养了创新思维、解决问题的能力和团队合作精神。这有助于提高学生的综合素质和应对现实生活中各种挑战的能力。总的来说,成果导向教育理念与过程模式的结合可行且具有很多优势。通过这种教育模式,学生可以实践所学的知识和技能,并培养出解决问题和独立思考的能力。这将为他们未来的学习和职业发展奠定坚实的基础。

此外,成果导向教育理念与过程模式的结合还可以培养学生的自主学习和个人发展能力。通过参与具体任务或项目,学生将更加积极主动地管理自己的学习过程,制订学习计划,并不断评估和调整自己的学习策略。他们将学会自己解决问题,寻找资源和信息,以及展示自己的成果。尽管成果导向教育理念和过程模式都有自己的优势和特点,但它们也存在一些挑战。其中之一是教师的角色转变,教师不再是传统的知识传授者,而更像是学习的引导者和指导者。他们需要提供适当的支持和指导,引导学生在任务完成过程中发展所需的技能和能力。此外,评估也是一个挑战,传统的评估方法可能无法全面评估学生在成果导向教育理念和过程模式下的学习成果。因此,为了正确评估学生的实际能力和成果,需要开发和采用更灵活和多样化的评估方法,如项目作品评估、口头报告和展示等。然而,面对这些挑战,我们可以通过提供师资培训和支持来帮助教师更好地应对变革,同时也需要与学生、家长和教育机构建立紧密的合作关系,共同推动这种教育模式的实施。

综上所述,成果导向教育理念与过程模式的结合具有很大的潜力来改善教育质量,培养学生的实践能力、解决问题能力、合作精神和独立思考能力。通过将学习与现实生活中的任务和项目结合起来,学生能够更好地理解和应用所学知识,为未来的学习和职业发展做好准备。更重要的是,这种教育模式能够培养学生的终身学习能力,使他们在不断变化的社会中保持适应性和创新精神。

过程模式认为知识都有其内在结构,这种结构包括过程、理念、标准,这里的标准并不等于学习目标,标准是变化的,学习目标是相对不变的,对于体育教学专业来说,关键的过程、理念和标准在教学过程中是不确定的,需要继续讨论和思考。因此,过程模式强调师生生生合作探究的过程,可以根据教学需要和突发问题及时调整教学,这样就保障了除成果以外的目标的实现。在过去的教学经验中,关注学习结果和关注学习过程是两个流派,长期的教学实践表明二者早已不是谁去谁留的问题了,而是如何把握两者之间的尺度。过去的教育中强调一方而忽视另一方的情况时常发生,结果与过程之间好似一个天平,OBE 教育理念让天平摆向成果一端,而过程模式则让天平摆向过程一端。好的教育应该是让天平保持平衡,不能厚此薄彼,而要择善而从,将二者结合起来相得益彰。

第四章　体育教师职前培养

第一节　什么是体育教师的职前培养

一、 我国体育教师职前培养的现实背景

教育是强国之基。是固国之本，在实现中华民族伟大复兴中的作用不可忽视。不管是高等教育还是义务教育都是国民教育的重要组成部分，教育水平的高低直接关系到我国人才培养的质量和国家核心竞争力，关系着中华民族伟大复兴中国梦的实现进程。而"国将兴，必贵师而重傅"，建设一支高素质、专业化的教师队伍是为我国建成现代化强国源源不断地输送人才的重要保证，是人才培养的关键环节。在教育的整体中，体育教育是核心，"身体是革命的本钱"，强健的体魄是各项教育发挥作用的基础，有着不可否认的作用。高质量的体育教学不仅要使全体学生认识到健康的重要性，还要发展其体育能力和对体育活动的知性理解，从而使他们养成关注健康、热爱体育、积极运动的生活方式。基于此，"体育教师的责任便在于教给学生体育运动的价值，并保证他们成为终身运动者和终身体育学习者"。那

么，作为体育教师，就需要去了解各学科的知识，将各学科中与体育学科相关的知识进行深入研究，实现跨学科思想的融合贯通，以此更好地指导教学活动的开展。例如，大型体育比赛中，如何做好抗压调节、掌握起跑时的心肺调节等，明确受伤后的康复训练措施等。同时，教学相长需要不断反思，将理论研究与体育教学实践相融合，体育教师通过日常观察，运用职前培养方法指导类课程，将实际教学中的现象与问题转化为研究成果，在实践中不断反思，在反思中不断实践，最终形成理论学习－实践教学－研究反思－教研成果－推广交流的成长模式，提升体育教师群体的综合素养和教育教学质量。其中，体育教师是体育教学活动的开发者、组织者和引导者，体育教师职业素养的高低直接影响学生的学习效果和学校的办学质量。

中共中央国务院于 2019 年 8 月 10 日颁布实施《体育强国建设纲要》(以下简称《纲要》)，至此，体育强国上升为国家战略。《纲要》针对新时代社会主要矛盾的现实转化以及人民的身体素养现状，对体育在社会主义现代化强国建设进程中的战略使命提出了新的更高要求。改革开放 40 年来，我国体育教师职后教育改革取得了显著成效，尽管体育教师职前职后教育一体化是当前教师教育发展趋势，但体育教师职前培养阶段是体育教师在走向工作岗位前接受专业系统的教师教育，从而获得教师基本素养的重要时期。职前体育教师的培养成功与否关系着就职后体育教师的工作质量。面对体育强国建设进程中国家和社会对体育发展的新要求，作为新时代体育事业发展重要推动者的学校体育教师该如何培养，怎样改革和优化体育教师专业能力和职业素养以契合体育强国建设需要，势必成为新时代的热点问题。当前学术界对体育教师的培养问题做出了积极探索，有学者提出体育教师的培养要重视职前教育与职后教育的一体化；还有专家基于教师知识分类学和教师绩效管理理论构建了体育教师教育标准体系框架；有专家指出体育教师教育管理体制、培养模式与教学内容仍存在诸多缺陷。从现有研究成果来看，针对国家体育事业发展战略下的体育教师培养相关研究鲜有涉及。体育教师职前培养课程是影响教师职前培养质量和水平的最直接、最稳定的因素。对于高校来说，要求体育教师基本上是研究生学历，因此高校体育学科研究生的课程设置是否均衡、合理、有效，对于培养优秀的毕业生至关重要，同时也关系到能否为学校体育事业的发展提供源源不断的人才支持。对于义务教育阶段来说，要求体育教师具有基本的运动人体科学知识，了解青少年身体发展规律，掌握青少年学习特点，因此，义务教育体育学科的课程设置是否科学、对青少年体质的改善是否有效十分关键，职前体育教师培养能够帮助教师全方位、多角度地了解学生特点，采用合适的方法进行教学。基于此，将立足体育强国战略，探寻新时代体育教师培养的使然之举，以期为学校体育事业发展与体育强国建设目标实现辅以助益。

《体育强国建设纲要》明确了新时代体育强国建设五大战略任务，实则为以全面提升全国各族人民健康水平为根本目标，协同竞技体育、学校体育和群众体育和谐发展，充分发挥体育在我国社会主义现代化建设进程中的经济、文化与政治功能，实现中华体育精神价值引领。然而，竞技体育实力提升、体育文化繁荣昌盛、体育产业创新发展、体育外交事业兴盛、全民健康目标实现都离不开新时代学校体育工作奠基。一方面，教育部体卫艺司司长王登峰指出：随着时代发展，竞技体育人才培养正变得多元化，从国民教育系统培养和选拔优秀竞技运动员，是国家优秀体育竞技人才培养的一个重要通道，更是一个必然选择。另一方面，中共中央办公厅、国务院办公厅印发的《关于实施中华优秀传统文化传承发展工程的意见》明确指出：优秀传统体育文化要贯穿国民教育始终。因此，中华体育精神文化传承与发展扎根学校教育这一平台将是必然。体育产业、体育外交事业发展需要学校体育教育提供人才保障。全民健康涵盖的是各年龄层群体健康水平的提升，需要学校体育与社会体育协同发力。可见，培育学生健康促进能力、传承优秀传统体育文化、推进竞技体育人才校园培养模式，将是新时代体育强国战略背景下学校体育发展的未来走向，且侧重点在青少年的学校体育工作。

青少年是国家和民族的希望，是社会主义现代化建设的无限能源，只有青少年强，民族复兴伟大中国梦的实现才会指日可待。习近平主席强调青少年强是多方面的，包括思想品德、学习成绩、创新能力、动手能力，也包括身体健康、体魄强壮、体育精神。现阶段，我国全日制学校教育已对适龄青少年实现全覆盖，学校体育作为青少年体育工作的主要内容，肩负着国家新生代的健康使命。但从现实情况来看，学校体育未能发挥其应有的功能，据《中国义务教育质量监测报告》(2018 年 7 月 25 日)数据统计得知，我国义务教育阶段学生心肺功能、速度、耐力等素质出现好转，但仍然存在学生“肥胖、视力不良、睡眠不足”等问题。学校体育并未使学生建立健康生活方式和形成终身体育观，导致学生走出校园后无法自我进行科学锻炼，提高身心健康水平。青少年的身心健康水平与自我健康促进能力关乎全民健康目标实现，是体育强国建设的重要支柱。其中，体育教师的培养对于改善青少年体质问题至关重要，推进青少年体育教育工作深入开展，是体育强国建设的重中之重，加强体育教师职前培养是实现体育强国战略不可忽视的一部分。“制定实施青少年体质健康干预计划，将促进青少年提高身体素养和养成健康生活方式作为学校体育教育的重要内容……全面实施青少年体育活动促进计划”，并将青少年体育发展作为体育强国建设的重大工程付诸实施，均对学校体育发展提出了新的更高要求。学校体育的重要践行者即为体育教师，从体育强国战略对学校体育工作提出新的更高要求来看，体育强国建设进程中的体育教师将不局限于“教书匠”的角色，更多的是“引路人”的角色，应基于体育强国建设战略任务的目标需求以及学生成长发展的需要，转型定位为具备健康促进、体育教学、文化传承和人才培养等多元能力的“体育与健康教师”。

二、体育教师职前培养的内涵

当前我国体育教师培养体系可以划分为职前培养、入职培训以及职后再培养三个连续的阶段。体育教师培养过程作为一个长期化、动态化的过程，以正式入职为关键点，实现了从学生到体育教师身份的转变，且体育教师职前培养阶段作为体育教师职业生涯的起点，在体育教师培养体系中具有基础与关键作用，决定着未来体育教师职业生涯的可持续性，是其教育价值能否发挥作用的关键。虽然职前培养阶段是体育教师培养体系的初级阶段，但是其不仅具备改变学生思维模式，塑造体育教师职业价值等方面的工作，还承担着培养职前体育教师专业能力、专业知识与技能等作用，是推动体育教师职前专业化成长的重要途径。结合当前体育教师教育培养的实际情况，要落实好“职前培养”的系列课程规划，需要建立起与之匹配的培养方式，概括来说可采取以下三种形式进行：

第一,线下培养与线上培养相结合。目前,随着计算机和网络技术的发展,各高校基本都实现了处处有网络、人人有电脑的现象,这就很容易打破空间和时间的限制,与培养教师之间实现零距离接触,从而保证职前培养的连续性,充分利用网络,加强体育教师职前培训的连贯性是十分必要的。

第二,定期培养和临时培养相结合。培养过程中注意确定核心课程和核心成员,对这部分学员进行定期培养,从而发挥成员带动成员的作用,以此将培养的理念和技能辐射开来。同时,也要积极关注国家政策的变化、关注高校发展的变化,以与时俱进的态度进行临时培养,针对最近的形势热点,集中某一段时间让学员掌握与体育相关的理论与技能。

第三,实行校内校外的双导师体制。职前培养对每个教师进行分组,分导师,建立起信息交流平台,由导师定期分配任务,指导教学开展。同时,教师所在学院也开展导师制,由本学院教师根据学院实际情况,对教师提出不同的发展目标和要求,以此督促进步。这样一来,对于教师职前培养的效果提升大大有益。

还需要强调的是,职前培养不是简单的理论建构,而是将理论与实践相统一,注重实践教学的开展。只有不断地进行实践,才能发现更多的问题,进而推进教师的进一步成长。就职前培养而言,其实践教学可以分为三个层面:一是假设性教学情境。通过预设情境,提前进行演练,以此培养教师应对实际教学问题的能力,在面对多样化的教学情境时,教师能够根据自身经验及时做出应对。二是成员之间的案例分享。职前培养的教师或多或少都有一定的实际教学经历,可以借助成员之间的互助分享形成经典案例,以此指导其他教师实际教学的开展,这样不仅能够丰富自身教学经验,还能够在沟通交流中更加深入了解教学内涵，制定更优的教学对策。三是职中的教学实践反思。实际教学中，往往会因为学生家庭背景差异、学生受教育层次的差异、教师工作环境的差异，以致某些职前培养的理论和实践呈现出不协调性，因此职中的实践反思极为必要：做好工作总结，将自己的心得体会及时记录下来，每隔一段时间就最近的教学情况进行反思总结，既要继续发扬优秀的地方，也要针对不足的方面进行调整。这既是推进实践教学优化开展的必要途径，也是教师持续成长的内在生命力。

体育教师职前培养的内涵涉及培养和发展学生专业知识、专业技能和道德素养，以便他们能够胜任体育教育工作。职前培养旨在培养有能力且合格的体育教师，他们能够有效地教授和指导学生，并对其身心健康和整体发展提供支持。下面是体育教师职前培养的一些主要内涵：(1)专业知识和学科内容：体育教师需要具备深入的体育学科知识，包括运动生理学、运动心理学、运动训练学等方面的知识。他们还需要了解教育学和心理学中与教学和学习相关的原理和理论。通过系统学习这些专业知识，体育教师可以提供准确、深入的教育指导。(2)教学设计和实施能力：体育教师需要掌握有效的教学设计和实施方法，以便能够根据学生的特点和需要开展适宜的教学活动。他们应该了解不同教学策略和方法的优点和适用范围，并能够在实际教学中运用这些技能。(3)评估和反思能力：体育教师应该具备评估学生学习成果的能力，并能够根据评估结果提供有针对性的反馈和指导。他们应该了解不同评估方法的优点和限制，并能够根据教学目标和学生特点选择适当的评估方法。(4)教育伦理和职业道德：体育教师应该遵守职业道德准则，并以榜样的方式引导学生。他们应该了解教育伦理的基本原则，并始终抱有公平、公正和尊重的态度对待每个学生。(5)实习和实践经验:体育教师职前培养通常包括实习和实践经验,以帮助学生将理论知识与实际教学相结合。通过实习,学生有机会观察和参与体育教育实践,并从经验丰富的教师身上汲取宝贵的教学经验。综上所述,体育教师职前培养的内涵包括专业知识、教学设计和实施能力、评估和反思能力、教育伦理和实践经验等方面的培养。这些内容旨在培养出有能力、有激情和懂得如何有效教授和指导学生的体育教师。

就体育教师培养过程的阶段性而言,职前培养阶段比较强调体育教师培养的基础性、标准化以及专业性,因而高校体育教师职前培养要从整体上综合考虑培养目标、培养内容、教学方法以及考核评估等环节,通过高校体育教师职前培养的专业化,推动高校体育教师培养的整体化,促进各培养阶段的衔接与融合,进而整体化、专业化地培养符合社会与高校需求的体育教师专业人才。

三、 我国体育教师职前培养的必要性

高校体育教师职前培养是教师队伍高质量建设的重要组成部分,也是推动我国高校体育工作顺利开展的重要路径。2017年,中共中央国务院颁布了《关于全面深化新时代教师队伍建设改革的意见》,其中提到要建设高素质的教师队伍,建立健全教师发展机构与专业培训者队伍,使教师培养体系基本健全。因此,如何保障高校体育教师职前培养的质量成为当前我国高校体育发展应重视的命题。本书主要对我国高校体育教师职前培训的现实困境进行探索,以期为推动我国体育教师职前培训的高质量建设提供一定的理论依据。

我国体育教师职前培养的必要性体现在以下几个方面:(1)提高体育教学质量:体育教师职前培养可以提高教师的专业素养和教学能力,使其能够更好地教授和指导学生。通过系统的培训和实践经验,体育教师可以学习到最新的教学方法和技巧,从而提高教学质量,帮助学生更好地掌握体育知识和技能。(2)保障学生的身心健康:体育教师在学校中起着关键的作用,他们不仅仅传授体育知识和技能,更重要的是关注学生的身心健康和全面发展。通过职前培养,体育教师可以学习到如何照顾和关注学生的身心健康,以及如何开展适合学生的体育活动和运动训练。(3)培养优秀的体育人才:体育教育是培养优秀体育人才的关键环节。体育教师不仅需要具备一定的专业技能和知识,还需要具备较高的教育背景和教育理论知识。职前培养可以帮助他们获得更广泛的教育背景,为培养优秀的体育人才提供良好的基础。(4)适应教育改革和发展需求:随着教育改革和发展的不断推进,体育教学的要求也在不断更新和提升。职前培养可以帮助体育教师跟上教育发展的步伐,了解最新的教育政策和要求,以及应对新的教育挑战。综上所述,我国体育教师职前培养的必要性体现在提高教学质量、保障学生身心健康、培养优秀体育人才,以及适应教育改革和发展的需求等方面。通过职前培养,体育教师可以提升专业素养和教学能力,成为学生健康成长的引导者和推动者。

此外,我国体育教师职前培养的必要性还包括以下几点:(1)推动体育事业发展:体育教师在推动体育事业的发展方面发挥着重要作用。他们不仅仅是学校中的教师,更是社会体育事业的重要组成部分。通过职前培养,体育教师可以学习到如何参与和推动体育项目的发展,如何组织体育比赛等活动,以及如何培养体育后备人才。(2)培养终身体育意识:体育教师的职责之一是培养学生的终身体育意识和体育习惯。通过职前培养,体育教师可以学习到如何引导学生养成良好的体育锻炼的习惯,并培养他们的体育担当精神。这有助于学生在未来的生活中保持健康的体育习惯和积极的生活态度。(3)加强与家长和社区的合作:体育教师不仅仅需要与学生合作,还需要与学生家长和社区建立良好的合作关系。职前培养可以帮助体育教师了解家长的期望和需求,建立良好的沟通和合作机制,以促进学生全面的身心发展。(4)提升教师职业声誉和社会地位:体育教师职业声誉和社会地位与体育教师自身的素质和能力密切相关。职前培养可以提升体育教师的专业水平和社会认可度,提高教师的职业声誉和社会地位,从而激发更多年轻人进入体育教师这个职业。总的来说,我国体育教师职前培养的必要性体现在推动体育事业发展、培养终身体育意识、加强与家长和社区的合作,以及提升教师职业声誉和社会地位等多个方面。通过职前培养,体育教师能够更好地履行自己的教育使命,为学生和社会的发展做出积极贡献。

四、我国体育教师职前培养的目标

根据活到老、学到老的"终身从教"原则,将"职前培养"作为教师终身成长的一个重要环节,这就需要重新设定高校体育教师"职前培养"的目标。总的来说,可以概括为以下三个目标:

一是国家育人方针的忠诚贯彻者,高校体育教育事业的宣传者和体育文明、体育精神的传递者。作为高校体育教师,政治立场必须坚定,深入挖掘学科核心素养,落实好学科理论的实践工作。二是体育教学工作的创新者,教学知识的优化者和教学理论的引导者。检测高校体育教师职前培养的一个重要平台就是课堂实践。因此，如何在教学中进行知识创新、知识优化和理论落地生根就至关重要。三是个人成长的规划者，身心健康的疏导者及其学校工作的协作者。就教师成长而言，科学的成长规划，作用巨大。同时面对着不同区域、不同家庭、不同认知的学生群体，教师不仅要做好学生的身心疏导工作，还需要做好自己的身心工作，从而更好地服务于学校工作的开展。

以上三个目标是基于素质理念、课堂教学和个人成长三个层面而设定，其目的在于将“职前培养”作为教师系统成长的一个重要环节，进而推进教师教育教学工作的有效开展。

体育教师职前培养的目标通常包括以下几个方面：(1)专业技能培养：培养体育教师掌握专业知识和技能，包括体育运动的规则、技术要领、训练方法等。他们需要了解不同项目的训练计划和技术要求，以便能够有效地指导学生。(2)教育理论与实践结合：体育教师需要学习教育学、心理学、教学方法等方面的知识，以便能够有效地教授体育课程并关注学生的发展。他们应该了解不同年龄段学生的特点，根据学生的实际需求和个体差异进行教学。(3)体育教育理念和价值观培养：体育教师需要培养正确的体育教育理念和价值观，例如，注重学生身心健康发展、团队合作、公平竞争等。他们应该在教学中注重培养学生的综合素质和道德品质。(4)实践能力培养：培养体育教师具备实践能力，能够组织和指导学生进行体育运动、举办比赛等。通过实践锻炼，他们可以提高自己的教学能力和管理能力。综上所述，体育教师职前培养的目标是培养具备专业知识和技能、教育理论与实践相结合、具有正确的教育理念和价值观的教师，以便能够有效地指导学生，促进他们的身心健康发展。

我国体育教师职前培养的目标是培养高素质、专业技能全面发展的体育教育人才。体育教师职前培养旨在为未来的体育教师提供必要的知识、技能和能力，使他们能够胜任体育教学工作，并为学生提供优质的体育教育服务。首先，体育教师职前培养的目标是培养体育教育专业知识。这包括体育科学、运动生理学、运动心理学、运动训练学等方面的理论知识，以及体育运动项目的规则、技巧和战术等实践知识。通过系统学习这些专业知识，体育教师能够深入了解体育教育领域的理论和实践，为他们的教学提供坚实的理论基础。其次，体育教师职前培养的目标是培养教育教学能力。体育教师需要具备良好的教学方法和技巧，能够设计并组织有效的课程，激发学生的兴趣和参与度。培养体育教师的教育教学能力，包括课堂管理、教学评估、个别化教学等方面的技能，能够确保他们有效地传授体育知识和技能，提高学生的体育素养。再次，培养体育教师的综合素质也是职前培养的目标之一。体育教师需要具备良好的沟通能力、团队合作能力和领导能力，能够与学生、家长和同事有效地进行沟通和合作。他们还应该具备良好的身体素质和健康意识，以身作则，成为学生的良好榜样。最后，体育教师职前培养的目标也包括培养体育教师的专业道德和社会责任感。体育教育是一项富有社会责任的工作，体育教师应该具备良好的职业道德和伦理意识，注重学生的全面发展和健康成长。他们应该秉持公平、公正的原则，尊重学生的个体差异，为学生提供平等的教育机会。综上所述，我国体育教师职前培养的目标是培养高素质、专业技能全面发展的体育教育人才。通过培养体育教师的专业知识、教育教学能力、综合素质和专业道德，我们可以期待未来的体育教师能够为学生提供优质的体育教育服务，促进学生的全面发展和健康成长。

体育教师职前培养还应该注重以下几个方面:(1)心理素质培养:体育教师需要具备较好的心理素质,包括情绪管理、沟通能力、人际关系处理等。他们面对学生的学习和发展过程中可能出现的问题和挑战,需要有足够的耐心、理解和支持,以帮助学生克服困难并实现进步。(2)跨学科知识培养:体育教师需要了解与体育相关的跨学科知识,如营养学、运动生理学、创伤防护等,以便能够在指导学生进行锻炼和比赛时,给予科学合理的指导和建议。(3)教育技术应用:随着教育技术的发展,体育教师还需掌握合适的教育技术工具和平台,以便能够更好地进行跨时空教学、学生评估和教学资源共享等。通过合理有效地应用教育技术,可以提高教学效果和学生的学习动力。(4)终身学习意识培养:体育教师应该具备终身学习的意识,不断更新自己的知识和教学方法,关注体育领域的最新发展。通过参加培训、学术交流和教学观摩等活动,体育教师可以不断提升自己的专业素养和教育水平。总之,体育教师职前培养的目标是培养全面发展的教师,他们需具备专业知识和技能、正确的教育理念和价值观、实践能力、良好的心理素质、跨学科知识、教育技术应用能力以及终身学习意识。这样的培养将有助于他们成为优秀的体育教育者,为学生的全面发展和健康成长做出积极的贡献。

第二节　当前我国体育教师职前培养面临的问题

一、职前培养课程之间的连贯性不足

当前，我国体育教师在职前培养过程中存在课程内容理论衔接不足、教学理论与实践失调、教学反思意识缺失等现象，导致体育教师职前培养忽视了课程知识间的内在联系。学生接触到的不是有连贯性的知识系统，而是分散、凌乱的知识碎片，不利于能力的培养。这一现象主要表现在两个方面。首先，专业课程之间缺乏内在联系。各学科知识之间相对独立，学科间没有联系性，大多从整体讨论课程内容的系统性与完整性，忽视了各课程内容的内在联系与有效衔接，导致重技能轻理论以及轻实践运用等问题的出现，学生不能从各个学科的共性出发，不断丰富自己的知识体系。其次，体育教师在职前学习学科知识理论时，常关注于陈述内容而导致缺乏对课程知识理论的深层次理解，进而导致体育教师职前难以理解运动技能的发展与运动人体知识和体育教育知识之间是如何相互协调、共同促进青少年身心健康等学科基础问题，也就是说，所学习的都是表面的、浅层的知识，难以捕捉更深层次的知识。因此，当前体育教师职前培养课程之间内在联系不足、难以有效衔接、忽视课程理论之间的联系与融合成为影响体育教师职前培养的现实困境之一。

职前培养课程之间的连贯性不足是一个重要问题。为了有效地培养体育教师，在设计和实施职前培养课程时，需要注重以下几个方面来增强课程之间的连贯性：(1)教育目标的明确性：

在制定课程时，应明确教育目标，并确保每个课程的目标与整体教育目标相协调。这有助于确保各个课程之间的连贯性，使学生能够逐步发展和应用他们所学的知识和技能。(2)课程内容的协同性：不同课程之间的内容应该相互关联和衔接，形成一个有机整体。例如，教育理论与实践的课程可以与专业技能培养的课程相结合，通过实际教学中的案例或实践项目，将理论知识与实际操作相结合。(3)教学方法的多样性：在职前培养课程中，教师应该采用多样的教学方法，以促进学生的综合学习和能力培养。通过讨论、小组合作、实践操作、案例分析等多种教学方法的运用，有助于学生将不同课程中所学知识进行整合和应用。(4)跨课程评估和反馈机制：为了增强课程之间的连贯性，可以设计跨课程的评估任务，要求学生在多个课程中进行综合应用。同时，及时给予学生反馈，帮助他们理解各个课程的关联性，并发展他们的综合能力。(5)教师协同合作：职前培养课程的设计和实施应该涉及多个教师的协同合作。不同课程的教师应该进行沟通和合作，确保各个课程之间的内容衔接和教学目标的一致性。定期举行教师集体备课、教学观摩和评课活动等，有助于促进教师之间的交流和合作。通过以上措施的实施，可以促进职前培养课程之间的连贯性，提高学生的综合素质和能力发展。这样的连贯性将使体育教师在实际工作中更加顺利地运用所学知识和技能，为学生的发展提供更好的支持和指导。

另外，为了增强职前培养课程之间的连贯性，还可以考虑以下几个方面：(1)课程规划和顺序安排：在制定课程计划时，要合理安排课程的顺序，确保前一门课程为后一门课程提供必要的基础知识和技能。例如，可以先从基础知识和基本技能入手，然后逐步深入和扩展。(2)跨学科整合：职前培养课程可以融入跨学科的内容，将体育与其他学科进行有机整合。例如，将体育教育与健康教育、心理教育、社会教育等相关领域进行跨学科的探讨和研究，以促进不同学科之间的互动和交叉学习。(3)实践教学的衔接：职前培养课程应该紧密结合实践教学，将理论知识与实际操作相结合。例如，可以安排实习或实践环节，让学生能够在实际教学环境中应用所学知识和技能，并通过实践经验来进一步巩固和提升能力。(4)学生参与和反馈：在职前培养课程中，应鼓励学生积极参与，并提供给他们表达意见和反馈的机会。学生的主动参与有助于促进他们对不同课程之间关联性的理解，并提出改进建议，进一步完善课程连贯性。(5)定期评估和改进：职前培养课程应该定期进行评估和反思，了解课程的实施效果和学生的学习情况。根据评估结果，及时对课程进行调整和改进，持续提高课程的连贯性和有效性。综上所述，为了增强职前培养课程之间的连贯性，可以注意课程规划和顺序安排、跨学科整合、实践教学的衔接，鼓励学生参与和反馈，以及定期评估和改进。通过这些措施的应用，可以提高职前培养课程的整体效果，更好地培养具备综合素质和能力的体育教师。

二、职前培养的部分课程内容陈旧、前瞻性不足

课程是教学活动的基本依据，是师生联系和交往的纽带，是影响教学效果好坏的重要因素。课程内容的质量对学生掌握知识的实际效果具有重要影响，不仅影响学生的学习效果，也影响学校教育与教师授课的质量。不同培养单位的课程内容存在差异，部分院校不能够及时跟进社会发展要求，对课程内容进行更新，导致课程内容较为陈旧、单一，缺乏时代性，落后于学生的知识层次，特别是缺少思维能力和研究方法等相关课程，难以满足

高层次人才培养目标和就业要求。这主要体现在不能根据体育学科的发展变化对课程内容、课程形式进行调整，并参考学科热点与学生学习需求加入更加体现时代性与前瞻性的内容，这就导致课程设置僵化，数年不变的内容不能激发学生的学习兴趣，更不能满足时代发展的需求，不能满足我国对于人才培养的要求，长期下去，人才培养会越来越困难。

为了确保职前培养课程内容的现代性和前瞻性，建议从以下几个方面进行改进：(1)更新专业知识：持续关注体育领域的最新发展和研究成果，及时更新专业知识。课程内容应包括最新的运动规则、技术进展、训练方法、运动营养等方面的内容，以使体育教师掌握最新的专业知识，能够有效指导学生。(2)教育技术与创新应用：重视教育技术的应用，培养体育教师具备现代教育技术和创新方法的使用能力。课程内容可以包括教育技术工具的介绍和应用、在线学习平台的利用、电子资源的开发和使用等，以提升教学效果和学生的学习动力。(3)跨学科内容的引入：将体育教育与其他学科的交叉内容引入课程中，以培养学生的综合素养。例如，将健康教育、心理教育、社会教育等相关学科的内容与体育教育相结合，让学生能够全面理解体育在综合健康教育中的作用。(4)体育教育理念的更新：更新教育理念，关注体育的现代化、多元化和全面发展。鼓励体育教师关注学生的全面发展和综合素质，注重培养学生的创新精神、合作精神以及身心健康的平衡发展。(5)实践与案例分析：在课程中引入实践案例分析，让学生能够运用所学知识解决实际问题。通过分析实际案例，培养学生的问题解决能力和实践能力，促进理论与实践的结合。(6)学生参与和合作：鼓励学生积极参与到课程设计、教学实践和课程评价的过程中。从学生的角度出发，了解他们的需求和期望，使体育教师职前培养课程更贴合学生的实际需求。综上所述，通过更新专业知识、重视教育技术与创新、引入跨学科内容、更新教育理念、加强实践与案例分析，以及鼓励学生参与和合作，可以增强体育教师职前培养课程内容的现代性和前瞻性。这样的改进将有助于培养适应社会需求、面向未来的优秀体育教师。

为了增强体育教师职前培养课程内容的现代性和前瞻性，还可以考虑以下几个方面：(1)社会需求的调研：通过与体育行业的专家、相关机构和学生进行沟通和调研，了解当前社会对体育教师的需求和期望。根据这些信息，及时更新课程内容，确保培养出符合社会需求的体育教师。(2)实践教学环节的丰富性：在课程中增加实践教学环节，让学生能够亲身参与实际教学和指导活动。通过实践经验的积累，学生可以更好地理解体育教学的实际操作和挑战，提升自己的教学能力。(3)培养创新思维和研究能力：通过引导学生进行体育教育领域的创新研究和实践项目，培养学生的创新思维和研究能力。课程内容可以包括科研方法的介绍、研究论文的撰写和学术交流的培训，以培养学生对体育教育的深入思考和改进。(4)教师实际经验的分享：邀请有丰富实际经验的体育教师作为课程的客座讲师，分享他们的实践经验和教学心得。通过借鉴优秀教师的实际经验，学生可以更好地理解课堂知识与实际工作的联系，提升自己的教学能力。(5)合作性课程设计：引入合作性课程设计的理念，让学生在小组或团队中进行跨学科的课程设计和探究活动。通过与其他学科的学生合作，学生能够接触不同学科的知识和观点，培养跨学科的思维和合作精神。(6)持续专业发展的机会：为体育教师提供持续专业发展的机会，包括参加研讨会、学术会议、教学培训等。通过与其他专业人士的交流和学习，体育教师能够不断更新知识、提升能力，保持对教育最新发展的敏感性。通过以上改进措施的应用，体育教师职前培养课程的内容将更加现代化和前瞻性。这样的改进将有助于培养具备最新教育理念和技能的体育教师，满足社会对优秀体育教育人才的需求，推动体育教育的持续发展。

三、职前培养的必修课程和选修课程比例不均

课程是教学活动的基本依据，是师生联系和交往的纽带，课程内容的质量对学生掌握知识的实际效果具有重要影响。必修课程和选修课程都是培养的重要环节，都有其重要功能。必修课程应该体现学科要求，是必须掌握的内容；选修课程是补充内容，让所学内容更加丰富、充实。体育教师职前培养中必修内容与选修内容的比例不合理，必修课程偏多，且在考核中占比较高，忽视了选修课程的重要作用。不同培养单位的课程内容存在差异，部分院校不能够及时跟进社会发展要求，对课程内容进行更新，导致课程内容较为陈旧、单一，缺乏时代性，落后于学生的知识层次，特别是缺少思维能力和研究方法等相关课程，难以满足高层次人才培养目标和就业要求。

体育教师职前培养的课程设置可能因地区而有所不同，但通常会包括必修课程和选修课程。必修课程是所有学生必须学习的课程，而选修课程则根据学生的兴趣和需求进行选择。如果你认为体育教师职前培养的必修课程和选修课程比例不均衡，你可以考虑以下几个方面：(1)论证：你可以分析目前的必修课程和选修课程的安排，找出比例不均衡的原因。是因为某些必修课程的内容过多，导致选修课程的数量较少，还是因为某些

选修课程的内容需要被纳入必修课程范围中？(2)提出一些建议。比如，增加某些选修课程的数量或者将某些选修课程的内容纳入必修课程中，以实现更好的平衡。(3)寻求支持：你可以将你的观点和建议分享给相关教育部门、学校或教育专家，以获得他们的支持和意见。他们可能会为你提供更多有关课程设置的信息，并就如何改善比例不均衡的问题给予指导。可以强调如下几点：(1)平衡发展：体育教师需要有一定的专业知识和技能，必修课程可以提供他们所需的基础知识，如运动技能、身体素质训练和运动生理学等。但是，选修课程可以让他们根据自身特长和职业目标进一步发展，并获得更深入的专业知识。(2)多样化选择：通过增加选修课程的数量和种类，体育教师职前培养的学生将会有更多的选择，可以选择与他们的兴趣和未来职业发展方向相符的课程。这将有助于激发学生的学习兴趣和动力，并提高他们在特定领域的专业能力。(3)紧密联系实践：将选修课程的内容与实际教学实践相结合，有助于提高教师的实际操作能力。例如，可以开设教学方法与策略、教学评估与反馈等选修课程，帮助体育教师更好地应对实际教学环境中的挑战。(4)反馈机制：建议建立一个反馈机制，供教师和学生提供对现有课程设置的意见和建议。这将有助于教育部门和学校了解学生和教师的需求，及时调整课程设置，以确保必修课程和选修课程的比例能够更好地满足实际需求。

四、职前教师教学能力不足

当前，我国体育教师的职前培养主要由高等院校承担，且对体育教师的职前培养更倾向于培养其学术能力。在实际教学过程中，对体育教师的要求多数以培养其科研能力和术科课程教学能力双优为主要目标，且体育教师的资筹待遇大多针对其科研与教学能力的方面。但是，当前大部分高等院校选择体育教师只注重其学历，而忽略了对其教学能力的要求，缺乏对教师实际教学能力的考察，执教能力的缺失无疑会影响高校体育教学质量。而造成这种局面的原因可以从以下两个方面进行阐释。(1)高校体育教师职前就业实习存在时间短、形式化等问题，限制了高校体育教师职前执教能力的提升。当前高校体育教师的职前培养大多重视其高质量文章的撰写与发表，大多数人并没有进行实践，只是参考他人实践而撰写实习报告，缺少实践经验，导致其就业实习趋于形式化，极少有高校体育教师在职前真正地参与就业实习。(2)目前高校教育往往重视职前高校体育教师学术能力的培养，高校体育教师职前需要完成学术发表的要求，课堂教育实践机会少，无法投入更多的时间从事体育术科课程的学习，教学能力与学术能力同等重要，忽视其中之一都是不可取的，进而导致其在高校就业后的体育术科课程教学过程中出现教学方法单一、体育教学与体育训练能力较弱等问题，遇到动态变化的、多样的教学环境时，没有足够的经验与方法去面对，逐渐发展成“理论型教师”。

职前教师的教学能力不足是一个值得关注的问题。职前教师的教学能力不足，可能由以下几个原因导致：(1)教育体系：职前教师的培养过程可能需要进一步改进，以确保他们获得充分的教学理论和实践知识。培训课程应该覆盖教学方法、教育心理学、课堂管理等方面，以提高教师的教学能力。(2)实习机会：职前教师在校外实习的机会有限，这可能导致他们对实际教学环境的了解不深。为职前教师提供更多的实习机会，并与资深教师进行指导和反馈，将有助于提高他们的教学能力。(3)继续教育:培训计划可以通过提供职业发展机会,鼓励职前教师参加继续教育课程和研讨会。这可以让他们不断更新教育知识和教学技能,以适应不断变化的教育环境。针对这个问题,可能考虑以下建议:(1)提高培训质量:教育部门和相关机构应重视职前教师的培养,确保培训课程覆盖核心的教学知识和技能,并与实际教学环境紧密结合。(2)扩大实习机会:提供更多的实习机会,让职前教师能够亲身体验教学环境,并获得资深教师的指导和反馈。(3)鼓励继续教育:为职前教师提供继续教育的机会,如参加研讨会、听讲座和在线课程学习等,以帮助他们不断提升教学能力和专业知识。(4)提供反馈机制:建立一个反馈机制,让教师和学生能够提供对职前教师教学能力的反馈意见。这样可以及时发现问题,并针对性地进行改进和培训。改善职前教师教学能力需要全社会的关注和支持,通过提供高质量的培训,增加实习机会和鼓励继续教育,可以逐步提高职前教师的教学能力,为学生提供更好的教育。

除了以上提到的几点建议,还可以考虑以下几个方面:(1)导师制度:建立导师制度,通过指定有经验的教师担任导师,与职前教师进行密切的指导和辅导。导师可以分享他们的教学经验,提供实际的教学案例和教学技巧,帮助职前教师在实践中不断提高。(2)反思和反馈:鼓励职前教师进行反思和自我评估,以找出教学中存在的问题并寻找改进的方法。此外,学校和教育机构可以建立反馈机制,通过学生和同事的意见和建议,帮助职前教师了解他们的优势和改进的领域。(3)社区合作与资源共享:鼓励学校与社区合作,利用社区资源,将实际问题和案例引入教学,帮助职前教师将教学理论与实践结合起来。(4)不断学习和专业发展:教师应始终保持学习的态度,参加教师培训课程、学术研讨会，加入教师专业组织等。这样可以与同行交流，分享经验，学习最新的教学方法和研究成果。通过以上的建议和努力，可以帮助职前教师提升教学能力，提供更好的教育质量。当然，改善教师教学能力是一个长期的过程，需要教育部门、学校、教育机构以及整个社会的共同合作和支持。

五、职前培养模式重理论而轻实践

尽管体育专业是以输送复合型、科研型人才为主的教育层次，但是理论的目的全在于应用，体育学科培养人才最终也将步入工作岗位，学以致用是体育学科的最终归宿。理论知识要时刻为实践工作奠定基础，脱离实践的理论是空洞的。另外，从社会的实际需求看，体育学科与其他学科相比又具有特殊性，用人单位更在意毕业生的运动技术技能，是否能够教给学生实际的技术动作以及运动方法实践，理论教学的比例较低。但是，体育学科的课程存在以理论为主而应用型课程偏少的状况，课程的实用性特点不突出，特别是毕业实习环节，部分院校重视程度不够，统筹安排措施不到位，考核方式不严格，走形式现象仍然存在，导致学生的能力难以和就业市场有效对接，很多学生毕业后投身教育岗位后发现不能很好适应，不知道如何才能上好课，这就是职前培养中轻实践导致的严重后果。

体育教师职前培养模式重理论而轻实践的问题是非常重要的。一个成功的体育教师需要在实践中具有扎实的教学能力和专业知识。如果培养模式过于注重理论而轻视实践，可能会导致以下问题：(1)脱离实际需求：体育教学是注重实践的学科，过度强调理论知识可能导致教师无法充分理解学生的需求和实际运动场景，从而难以有效指导和辅导学生。(2)缺乏实际操作经验:只有通过实践才能真正理解教学过程中的挑战和变化。如果教师在职前培养阶段缺乏实际操作经验,可能会导致他们在教学实践中感到不安或不熟练。为了解决这个问题,可以考虑以下建议:(1)实践与理论的结合:职前培养课程应更加注重理论与实践的结合。理论知识可以提供框架和指导,但在实际操作中学生也需要有机会应用这些知识和技能。培训课程中的案例研究、模拟教学和实地实习等教学方法,可以帮助学生将理论知识转化为实际操作能力。(2)导师指导与辅导:安排导师制度,并由有丰富教学经验的教师担任导师,对学生进行密切指导和辅导。导师可以分享实际教学中的经验和技巧,并为学生提供实际教学情境下的实践机会并进行反馈。这将有助于学生更好地理解实践中的挑战,并提升实际操作能力。(3)实践实习机会:与学校和社区合作,提供更多实践实习机会。通过与专业教练、体育俱乐部或学校体育部门合作,学生可以接触到真实的体育教学环境,并通过实践获得宝贵的教学经验。(4)教师社群分享与合作:鼓励体育教师之间的交流与合作。建立教师社群,提供互相学习和交流的机会,分享教学经验和成功案例,这样可以促进实践与理论之间的互动和融合。通过以上的方法和努力,可以使体育教师的职前培养更加注重实践,提高实践操作能力,为未来的教学工作做好充分准备。

当提到体育教师职前培养模式重理论而轻实践时,还可以考虑以下建议:(1)实际案例和情境教学:在职前培养课程中提供更多基于实际案例和情境的教学。通过让学生参与解决真实的教学问题和场景,培养他们在实践中的问题解决能力和创新思维。(2)实地考察和观摩:安排学生到具有教育实践经验的学校或体育项目进行实地考察和观摩。这将使学生能够目睹优秀教师在实践中的表现,并从中学习实际教学技巧和策略。(3)反思和交流:鼓励职前教师在实践中进行反思和交流。通过反思自己的教学过程和经验,他们可以发现问题并找到提升的方法。此外,与同伴和资深教师进行交流和讨论,可以促进经验分享和教学策略的交流。(4)持续教育:为职前教师提供持续教育的机会,让他们在实践中不断学习和成长。举办专题研讨会、成立研究小组和进行课程培训,帮助教师保持教学理念的更新和专业素养的提升。以上方面的改进可以使体育教师职前培养模式更加注重实践,帮助教师提高教学能力,积累实践经验。重视实践将使教师能够更好地应对教学挑战,更好地满足学生的需求,提供优质的体育教育。

六、导师队伍建设的僵化

导师队伍建设的水平与质量直接影响我国高校体育教师培养的质量与水平。导师队伍建设对提高高校体育教师职前学术水平、完善理论知识结构具有十分关键的作用。当前,随着体育学研究生招生数量和规模的快速扩张,导师不仅需要承担指导硕士、博士研究生的艰巨任务,还要参加各种社会活动,进行学术交流,进而导致导师对高校体育教师的职前指导时间减少,专注程度降低。且当前我国高等院校对导师的聘用制多采用终身制,一旦被聘为导师,将永远具有指导学生的资格。这种陈旧的体制导致部分导师在学术研究方面缺乏积极性,缺乏探索精神,思维逐渐固化。导师如果缺乏进一步提升自我的积极性,势必导致其所指导的学生缺少课题参与,致使导师在指导高校体育教师的职前能力与时间上缺位,这部分导师所培养的高校体育教师的质量势必下降。因而,如何打破导师队伍建设的形式化,从导师出发不断提高高校体育教师的职前培养质量，成为当前制约高校体育教师高质量培养的问题之一。

OBE作为一种教育理念和方法，需要有经验丰富、熟悉OBE理念的导师来指导和支持教师工作的实施。然而，在OBE导师队伍建设中，有时可能存在以下僵化问题：(1)观念和知识更新不足：如果导师队伍未能及时更新教育理念和OBE实践知识，他们可能无法提供最新的指导和支持。因此，为导师提供持续的专业发展培训和机会是非常重要的。(2)缺乏创新和适应性：OBE是一个不断发展和变化的教学理念，要求教师和导师能够灵活适应不同的学生需求和教学环境。如果导师队伍过于僵化，不愿意尝试新的教学方法和策略，可能会影响OBE的实施效果。

为解决OBE导师队伍建设的僵化问题，我们可以考虑以下建议：(1)专业发展培训：提供定期的专业发展培训，包括新的教学理念、OBE实践经验和教育技术的知识更新。这将帮助导师树立与时俱进的观念，提高对OBE的理解和应用能力。(2)导师交流和分享：组织导师之间的交流和分享活动，鼓励他们分享实践经验、教学策略和成功案例。这将促进导师之间的合作与学习，激发创新思维和共同成长。(3)充分利用技术支持：引入在线培训和资源平台，为导师提供便利的学习和资源分享渠道。这将有助于导师随时获取最新的教育知识和OBE实践案例，并从全球范围内的专家和同行中获得支持和建议。(4)倡导学习型导师：鼓励导师成为学习型导师，持续更新自己的知识和教育观念。导师可以定期反思自己的指导方式和效果，并寻找提高的方法和策略。通过以上的建议和努力，可以帮助OBE导师队伍建设摆脱僵化，并提供更好的支持和指导，促进OBE教学的有效实施。

在考虑解决 OBE 导师队伍建设的僵化问题时，还可以考虑以下建议：(1)激励和奖励机制：建立激励和奖励机制，鼓励导师积极参与专业发展和创新实践。例如，设立导师奖项，表彰那些在 OBE 实施中做出杰出贡献的导师，这将激励他们持续学习和不断改进。(2)导师培养和选拔：为导师提供专门的培训和选拔机制，确保导师具备 OBE 理念和实践的必要知识和技能以及良好的指导和沟通能力。通过严格的选拔和培训，有助于建立一支素质较高且富有活力的导师队伍。(3)合作和团队学习：鼓励导师之间进行合作和团队学习，促进彼此之间的学习和成长。定期召开或组织导师会议、研讨会和工作坊，为导师提供交流和合作的机会，推动他们共同解决问题、分享经验和开展合作研究。(4)学生反馈和导师评估：重视学生对导师教学质量的评价和反馈。建立有效的学生反馈机制，提供对导师的评估和改进建议。这将帮助导师了解自己的指导效果，并从学生的角度获取宝贵的指导意见。通过以上建议和努力，可以推动 OBE 导师队伍建设的灵活性和创新性，促进 OBE 教学理念的落实和提高教学质量。这些改进将有助于导师更好地应对教学挑战，并为学生提供更好的教育体验。

七、 基础课程与实践相脱节

当前，我国体育教师的职前培养多以导师制为主要形式，在其培养过程中比较重视体育专业知识与学术能力的培养，然而尽管体育教师的职前培养是以输送高水平的科研型人才为主要目的，但是其如何将所学知识应用于实践仍是体育学科的最终归宿，这一矛盾的出现导致体育教师职前培养在一定程度上忽视了对其教学反思与执教能力的培养。很多书本上没有但在教学过程中又实际需要的东西,应该从基础课程出发,联系实践逐步探索,这样才能发挥课程以及知识的最大作用。同时,从社会实际供需的视角来说,体育学科具有一定的特殊性,用人单位对高校体育教师的运动技能也有一定的要求。但是,当前体育教师职前培养课程存在理论型课程比重较高、应用型课程偏少的现状;培养课程的实践性特征不突出,特别是体育教师的职前毕业实习环节较薄弱,存在院校重视程度不够、统筹安排不到位、毕业实习形式化等问题,导致当前体育教师的实践能力难以有效对接就业市场,出现高校体育教师职前培养基础课程与实践相脱节等现实困境。

OBE教育强调学生的实际参与和实践体验,但如果基础课程与实践脱节,可能会导致学生无法有效地将所学的理论知识应用到实际情境中。为了解决这个问题,可以给出以下建议:(1)课程设计与实践结合:课程设计应该充分考虑到实践和实际情境的需求。通过引入案例研究、实地考察、实习或操作实践项目等教学方法,将理论知识与实际问题结合起来,加强对学生实践能力的培养。(2)教师角色与指导:教师在基础课程中应发挥积极的指导作用,引导学生将所学的理论知识应用到实践中。提供实践案例分析,并进行讨论和反思,帮助学生理解理论与实践之间的联系,提高实际问题解决能力。(3)实践合作伙伴和资源:与实践合作伙伴建立合作关系,提供实践机会和资源支持。与行业组织、社区机构或实践导师合作,组织实施实践项目、实习计划或实验室探索,帮助学生亲身体验实际工作环境和实践挑战。(4)反思和评估:鼓励学生在实践过程中进行反思和评估,整合理论知识和实际经验,发现问题并提出改进方案。教师可以引导学生进行实践总结、案例研究报告或实践成果展示，促进实践与理论的融合。（5）学生参与和合作：鼓励学生积极参与实践活动，并推动学生之间的合作与交流。组织小组项目、实践讨论或团队合作，帮助学生从不同角度思考和解决实践问题，促进合作与创新能力的培养。通过以上的方法和努力，我们可以使 OBE 基础课程与实践紧密结合，促进学生理论知识与实际应用能力的有机融合。这将有助于培养学生的综合素养和实践能力，使他们更好地适应职业发展的需求。

考虑解决 OBE 基础课程与实践相脱节的问题时，还可以考虑以下建议：（1）实践导师的引入：邀请实践导师参与教学过程，与教师共同指导学生实践活动。实践导师可以是来自行业或社区的专业人士，他们可以提供实际经验和知识，并帮助学生将理论知识转化为实践技能。（2）学校和社区合作：建立学校与相关社区机构的合作关系，提供实践机会和资源支持。例如，与当地体育组织、健身俱乐部或社区活动中心合作，为学生提供参与实际体育项目的机会。（3）实践评估和反馈：建立有效的实践评估机制，对学生的实践表现进行评估和反馈。通过实践作业、项目报告和表现评估等方式，帮助学生了解自己的实践能力和发展方向，并提供个性化的指导和支持。（4）校外实践机会：鼓励学生参与校外实践活动，扩展他们的实践经验和认识。安排学生到其他学校、企业或研究机构进行实地学习或参与实践项目，让他们亲身体验不同的实践环境和挑战。通过以上建议和努力，可以促进 OBE 基础课程与实践的有机结合，提高学生的实践能力和综合素养。与此同时，也需要教师和学校不断反思和改进教学策略，确保基础课程能够与实践需求保持同步。

第三节　我国体育教师职前培养应该采取的策略

一、完善职前体育教师培养课程体系

体育教师职前培养课程的质量直接决定了体育教师培养的质量与水平，对提高体育教师的教学质量起着关键作用。当前，我国对体育教师的基本要求大多是研究生学历及以上，因此高校体育研究生课程的设置对培养优秀的高校体育教师具有重要的作用与意义。基于此，要进一步改善我国体育教师职前培养课程，首先，要加强体育教师职前培养课程之间的横向与纵向联系，按照发展需求及体育学科专业化发展要求，构建完善的培养课程体系，加强培养课程横向的内在联系；同时在纵向层次加强本硕博培养课程的联系，避免出现重复课程，加强课程的连贯性和层次，从本科到博士的课程应该是逐渐深化，实践占比逐渐增高，凸显课程培养的深度。其次，专业基础知识是培养课程的根本，学科前沿动态是培养课程的灵魂。因此，体育教师职前培养课程的内容设置既要从夯实专业基础知识与技能出发，重视基础知识培养，同时又要紧跟体育专业学科最前沿动态以及不断变化的人才培养需求，关注学科研究动向，推动培养课程基础性与前沿性的统一，开阔体育教师的学术视野，以适应高层次、国际化的体育人才培养需求。

完善职前体育教师培养课程体系是非常重要的，它可以提高体育教师的专业素养和能力，使其能够胜任教学工作并具备创新和适应能力。以下是一些建议：(1)学科知识与教育理论融合:培养体育教师既具备专业的体育学科知识,又了解教育学理论和教学方法。确保培养计划中的学科知识与教育理论有机融合,帮助学生理解如何将理论应用于实际教学中。(2)实践教学经验:提供丰富的实践教学经验,使学生在实际课堂中锻炼教学技能。通过学校实习、教师指导等实践活动,培养学生的实际教学能力和课堂管理能力。(3)教学技能培训:提供系统的教学技能培训,包括教学设计、教学评估、学生辅导和课堂管理等方面的培养。教师需要具备灵活的教学策略和方法,以适应不同学生的需求和教学环境。(4)跨学科合作:鼓励与其他学科的学生进行跨学科合作,如与心理学、体育科学或教育科学等领域的学生进行项目合作。这有助于培养体育教师的综合素养和团队合作能力。(5)师范生实习支持:建立与学校或教育机构的合作关系,提供师范生实习指导和支持。确保实习期间有经验丰富的导师指导并进行反馈,帮助学生将课堂理论知识应用到实际教学中。(6)专业发展机会:提供持续的专业发展机会,如组织召开研讨会、学术会议等。体育教师应继续学习和更新自己的知识和教学方法,以适应不断变化的教育环境。通过以上措施和努力,可以完善职前体育教师培养课程体系,提高培养质量和教师素养水平。这将有助于培养出适应现代教育要求的专业化和有创新精神的体育教师。

在考虑完善职前体育教师培养课程体系时,以下是进一步的建议:(1)实践导师和导师团队:引入实践导师和导师团队,为学生提供个性化指导和支持。实践导师可以是具有丰富经验的教师或教学专家,他们能够帮助学生从实践中学习并提供实际教学指导。(2)教学技术和创新教育方法:培养体育教师的教学技术和创新教育方法。学生教师应该学习如何利用教育技术工具和创新教学方法来增强课堂教学效果。(3)反思和持续改进：鼓励学生教师进行反思和持续改进,以提高教师自身的教学能力和专业素养。学生教师可以通过反思自己的教学实践,发现问题并提出改进方案。(4)学校和社区合作项目:建立与学校和社区的合作项目,使学生教师能够在实际教学环境中进行实践。与学校的合作项目可以为学生提供真实的教学经验,与社区的合作项目可以让学生了解到体育教育在社区中的应用和影响。(5)教师培训和发展计划:制定教师培训和发展计划,包括持续的专业发展机会和培训课程。这样可以帮助体育教师更新教育知识和提高专业技能。通过这些措施,我们可以进一步完善职前体育教师培养课程体系,提高体育教师的专业素养和能力。这将为体育教育提供更好的教师资源,并促进学生得到优质的体育教育。

二、 课程设置要坚持基础性和前沿性的统一

专业基础知识是体育课程的根本,学科前沿问题是体育课程的生命和活力的源泉,只有不断注入体育学科发展的最新内容,给予课程新的动力,才能使体育教师职前培养课程永远焕发活力。课程内容设置既要注重夯实学生的专业基础知识和基本技能,又要及时紧跟该专业范围内最前沿的理论研究动向,体现基础性和前沿性的统一。一方面,所谓"基础不牢地动山摇",必须具备扎实而宽广的专业理论知识,对学科发展史、基本观点、基本范畴有清晰而透彻的了解,这样才能为进一步展开学习打下基础,为今后不断学习新知识奠定坚实的地基。另一方面,随着我国体育事业蒸蒸日上,为提高体育事业国际竞争力,必须紧跟时代的发展对课程内容进行动态更新,及时将学科的国际和

国内研究成果充实到课程之中，不仅要关注国内国外最新的研究成果，而且要紧跟时代的发展，及时发现国内外教育中出现的问题，并提出适当的解决方法。总的来说，课程设置应该是灵活变化的，一成不变就不会进步。增强课程的前沿性，拓展学生的思维，开阔学生的视野，适应高层次、国际化体育人才的培养方向。

课程设置既要考虑扎实的基础知识和技能，又要关注学科的发展动态和前沿研究。以下是一些建议：(1)基础课程设置：确保课程设置包含学科的基础知识和理论。基础课程提供学生所需的核心概念和技能，为进一步学习和研究奠定坚实的基础。基础课程可以包括学科的核心理论、基本方法论和技术手段等内容。(2)前沿研究与发展课程：在基础课程的基础上，引入前沿研究和发展课程。这些课程可以涵盖最新的学术成果、研究方法和领域前沿等内容。前沿研究课程有助于学生了解学科的最新发展动态，并培养学生的研究和探索能力。(3)实践和案例教学：为了加强基础知识与实践的结合，引入实践和案例教学。学生需要通过实践和案例研究，将所学的理论知识应用到实际问题中。实践和案例教学可以帮助学生理解和掌握学科在实际应用中的价值和意义。(4)跨学科课程与合作：促进跨学科的课程设置和合作。学科的发展往往需要借鉴其他学科的知识和方法，通过与其他学科的课程设置和合作，可以拓宽学生的视野，提供更全面的学科教育。(5)学生反馈和参与：定期收集学生的反馈和意见，了解他们对课程设置的看法和需求。学生的参与和反馈有助于确保课程设置与学生的学习需求和兴趣相匹配。通过坚持基础性和前沿性的统一，我们可以提供全面且具有时代性的课程设置。这有助于培养学生的基础知识和能力，同时关注学科的新发展和前沿研究。

考虑课程设置要坚持基础性和前沿性的统一，以下是进一步的建议：(1)定期更新课程：学科的知识和研究领域在不断发展，因此课程设置也应定期更新。教师和学术机构应与行业专家和研究者合作，了解最新的学科进展，并根据需要进行课程调整和更新。(2)集中研究项目：为学生提供集中研究项目的机会，让他们深入研究特定领域或前沿议题。这些项目可以作为高级课程或研究课程的一部分，帮助学生在感兴趣的领域取得更深入的学术成果。(3)职业发展课程：引入职业发展课程，帮助学生掌握职业所需的技能和知识。这些课程可以包括职业规划、沟通技巧、领导能力和项目管理等方面的内容，以帮助学生更好地适应职业要求。(4)创新实践课程：开设创新实践课程，鼓励学生进行创新研究和实践项目操作。这些课程可以培养学生的创造力、问题解决能力和团队合作精神，使他们能够适应快速变化的社会和职业环境。(5)学术交流与协作：鼓励学生参与学术交流和协作项目。学生可以参加学术会议、研讨会，与同行进行交流和合作。这有助于培养学生的学术素养和合作能力，并增进他们对学科前沿的了解。通过以上建议，我们可以在课程设置中坚持基础性和前沿性的统一。这样，可以为学生提供全面和有挑战性的学习体验，培养他们的综合能力和适应能力。

三、 课程设置要兼顾专业性和多样性

在我国高等院校中，体育学科所开设课程大体包括专业课和公共基础课。专业课包括专业必修课、专业选修课、跨学科选修课三类，个别学校可能存在些许差异。公共基础课一般包括政治和英语，应该着力提高这两门课程的教学实效性。政治课

要注重培养学生的政治认同和信仰生成，为学生注入体育强国的力量，增强学生的政治自信；英语课要加强专业英语的学习，为学生熟练阅读体育相关英文文献和对外交流打下基础。专业课是课程的主体内容，其中专业必修课是重中之重，要开足开齐以满足学生的专业学习需要，体现学科专业性。选修课包括专业选修课和跨学科选修课，要从尊重学生多样化发展需求出发，调整课程结构，开设品类丰富的选修课程，特别要增强与新兴学科、交叉学科、边缘学科的联系，满足学生个性化发展需要以及社会对综合性人才的要求。

考虑课程设置要兼顾专业性和多样性时，以下是一些建议：(1)专业核心课程：确保课程设置包含专业领域的核心课程。这些课程提供学生所需的专业知识和技能，使他们具备相关领域的专业素养。(2)选修课程：提供多样的选修课程，以满足学生的兴趣和需求。选修课程可以涵盖不同的专业领域、学科领域或特定主题，让学生能够根据自己的喜好和目标进行选择。(3)跨学科课程：鼓励学生参加跨学科课程，以拓宽他们的知识和视野。跨学科课程可以帮助学生更好地理解不同领域之间的联系和互动，并培养学生的综合能力。(4)实践项目和实习：提供实践项目和实习机会，让学生能够在实际工作中应用所学的知识和技能。实践项目和实习可以涉及不同领域和机构，让学生从实践中学习并提高专业素养。(5)外部资源和合作：与外部机构、行业专家或相关学术界合作，为学生提供丰富的学习资源和实践机会。这可以帮助学生了解行业趋势和最新发展，并进行实际项目合作或实习。(6)本土和国际视野：在课程设置中兼顾本土和国际视野，注重本土文化和社会背景的课程设置，同时关注全球化时代的挑战和机遇，帮助学生获得全球视野和跨文化交流的能力。通过兼顾专业性和多样性，可以为学生提供广泛的学习选择和学科发展机会。这样可以培养学生的专业素养，同时尊重他们的兴趣和多样化发展需求。第一，跨文化教育：在课程设置中融入跨文化教育的内容。学生应该了解和尊重不同文化背景下的体育教学和体育活动。跨文化教育可以促进学生的跨文化交流和理解，培养他们的全球视野和文化敏感性。第二，社会责任教育：引入社会责任教育的课程，让学生了解体育教育与社会问题之间的关系。这些课程可以涵盖体育公平、包容性体育、健康生活方式等内容，培养学生的社会责任感和公民意识。第三，研究和批判思维：培养学生的研究和批判思维能力。课程设置应该包括研究方法和批判性分析的课程，帮助学生学习如何进行独立的研究和分析，并培养他们的学术素养和批判性思维。第四，学术与实践平衡：在课程设置中平衡学术理论和实践技能的培养。学生需要既有扎实的学术基础，又具备实践能力和技能，能够将理论知识应用于实际教学和体育活动中。第五，个性化和弹性课程：鼓励个性化和弹性的课程设置，满足学生的不同学习需求和兴趣。个性化课程可以根据学生的特长和目标进行设置，弹性课程可以让学生有更多的选择和自主学习的机会。通过兼顾专业性和多样性，可以为学生提供全面和多元化的学习体验。这样，可培养学生的综合素养和适应能力，使他们成为具备专业知识和综合能力的体育教育专业人士。

四、不断加强职前体育教师教学能力的提升

体育教师职前培养过程中常常缺乏对于教学能力的培养，更多的是重视理论的传授。职前教学能力的提升对于就职后的

工作十分重要，因此，应该采取各种各样的举措来提升职前体育教师的教学能力。首先，在培养过程中加入试讲环节，并纳入最终考核，针对学生试讲过程中的连贯性、流畅性等指标制定一个标准，激励学生朝着这个标准努力；其次，还可以组织学生观看优秀的教学视频，将观看视频作为培养内容的一部分，让学生更加直观地感受优秀教师的授课，并下意识地去模仿，不断提升自身教学能力；最后，加强实践环节，不仅重视理论的传授，还应该安排实习或者实践环节，引导学生将所学的理论知识应用到实践中。提高职前体育教师的教学能力，增加教师入职后的工作能力，提升自身竞争力。

继续加强职前体育教师的教学能力的提升是非常重要的。第一，教学实习：为职前体育教师提供充分的教学实习机会。实践是教学能力提升的关键，通过实习，体育教师可以亲身体验教学环境并应用所学的知识和技能。第二，导师指导：建立导师制度，将有经验的体育教师指定为职前教师的导师。导师可以提供指导和反馈，帮助职前教师发展教学技能，并分享实际工作中的经验和教学策略。第三，师范教育课程：确保职前教师接受系统化的师范教育课程。这些课程应包括教学方法学、课堂管理、评估与反馈等方面的内容，帮助职前教师建立教学基本功。第四，实践性培训：提供实践性培训机会，让职前教师能够接触真实的教学情境，并面对各种教学挑战。实践性培训可以通过模拟课堂、角色扮演、案例研究等形式进行。第五，继续教育：鼓励职前教师进行终身学习和继续教育。持续提供专业发展机会，如参加研讨会、进行研究项目、加强课程培训等，使职前教师能够不断更新教学理念和教学技能。第六，学科研究和创新：鼓励职前教师积极参与学科研究和项目创新。通过研究和创新，职前教师可以探索新的教学方法和教学资源，提高教学效果和质量。第七，合作交流平台：建立合作交流平台，促进职前教师之间的互动和交流。这可以包括定期的教学研讨会、教学分享会和社群平台，让职前教师相互学习和分享教学经验。通过不断加强职前体育教师的教学能力提升，可以培养更优秀和专业的体育教育人才，这将有助于提高体育教学质量和学生的学习成效。

考虑进一步提升职前体育教师的教学能力时，以下是一些建议：(1)针对特殊群体的教育：提供特殊群体教育的相关培训，使职前体育教师具备应对特殊需求学生的能力。这方面的培训可以涵盖残障学生、学习障碍学生和多元文化学生等方面的内容。(2)教育科技的应用：培养职前体育教师运用教育科技进行教学的能力。教育科技已经在教育领域取得了广泛应用，通过教育科技工具，职前体育教师可以更好地提供个性化和多样化的教学。(3)反思与自我提升：培养职前体育教师的反思和自我提升能力。教师应该定期反思自己的教学实践，分析教学效果并制订改进计划。这可以通过教学反馈、自我评估和同行评议等方式实现。(4)跨领域合作：鼓励职前体育教师与其他学科领域的教师进行合作。跨领域合作可以促进教师之间的知识交流和教学方法的创新，提高综合素养和教学质量。(5)教育研究意识：培养职前体育教师的教育研究意识。教师应该了解教育研究的重要性和方法，并能够应用研究成果指导自己的教学实践。(6)心理健康支持：为职前体育教师提供心理健康支持。教学工作可能面临一定的压力和挑战，因此职前体育教师需要有健康的心理状态才能更好地应对教学工作。(7)实践导向的培养：注重实践导向的培养，使职前体育教师在实际教学中不断提升自己的教学能力。实践中的问题和挑战可以帮助教师更好地理解教学原则和教学策略，并提升专业成长。通过以上建议，可以进一步提升职前体育教师的教学能力和教育素养。教师的教学水平对于体育教育的质量和效果有着重要影响，因此持续加强对职前体育教师的培养和支持非常重要。

五、课程设置要坚持理论性和实践性的统一

针对体育学科课程设置应用性特点不突出的问题，要求课程设置要匹配社会实际需求，课程设置要改变过于重视理论教育而相对轻视技能培养的现状，增加应用指导型或实践类课程，落细落实毕业实习，比如，对于体育教育专业的学生，要增加教学理论和方法类课程，引导学生将理论应用于实践问题的解决，培养学生运用所学知识创造性地解决实践问题的能力，避免师范性缺失，安排去各级各类学校实习，提前实现角色转变，使学生的能力和素质能够与社会需求接轨，顺利就业。

坚持课程设置的理论性和实践性的统一要做到以下几方面：(1)理论知识的传授：在课程中注重理论知识的传授。学生需要掌握体育教育领域的基础理论知识，如教育心理学、体育科学、运动训练学等。这些理论知识可以为学生提供指导原则和理论框架，帮助他们理解体育教育的本质和原理。(2)实践技能的培养：将实践技能的培养与理论知识的传授结合起来。学生需要参与各种实践活动，如教学实习、体育项目组织、运动训练等。通过实践活动，学生可以将理论知识应用于实际情境中，提高实践能力和技能水平。(3)教学案例和实例分析：引入教学案例和实例分析的方法，让学生能够将理论与实践相结合。通过分析真实的教学案例和实例，学生可以更好地理解教学原则和

策略,并培养解决问题和思考问题的能力。(4)教学设计与实施:培养学生的教学设计与实施能力。学生应该学习如何设计教学计划、编写教案、进行教学评估等。这可以通过实践性的课程、教学实习和指导教学等方式实现。(5)反思和改进:培养学生的反思和改进能力。学生需要学习如何反思自己的教学实践,分析教学效果并制订改进计划。这可以通过教学反馈、教师指导和同行评议等方式进行。(6)实践导向的研究项目:鼓励学生参与实践导向的研究项目。学生可以选择感兴趣的研究方向,并结合实践进行研究和创新。这将帮助他们将理论知识应用到实际问题解决中,并提高综合素养和创新能力。通过理论性和实践性的统一,课程设置可以更好地满足学生的学习需求和目标培养,帮助他们成为既具备扎实理论基础,又具备实践技能的体育教育专业人士。

考虑进一步提升课程设置的理论性和实践性统一时,以下是一些建议:(1)实习与实践课程:在课程设置中加入实习和实践内容。实习是学生将理论知识应用于实际教学环境的重要途径,学生可以通过实习参与教学活动,观察和辅导学生,获得教学经验,提高实践能力。(2)实战演练和模拟教学:组织实战演练和模拟教学活动,让学生在模拟的教学环境中实践教学技能。这可以帮助学生在进入真实情境之前获得必要的准备,提高应对实际教学挑战的能力。(3)学科交叉融合:鼓励学科交叉融合,将其他学科的知识和理论应用到体育教育中。学科交叉可以帮助学生更全面地理解体育教育领域,并拓宽他们的知识深度和广度。(4)创新教学方法:引入创新的教学方法和工具。教育科技的发展为创新教学提供了更多的可能性,学生可以通过使用多媒体教具、虚拟实验室等,提高理论知识的学习效果。

(5)实际案例研究:通过实际案例研究,让学生更深入地了解体育教育中的实际问题和挑战。学生可以分析真实案例,并提出解决方案和改进建议,培养解决问题能力和分析能力。(6)教学实验室和设备:建立教学实验室和提供现代化的教学设备。教学实验室可以为学生提供开展实践教学活动的场所,现代化的设备可以帮助学生更好地进行实验和实践。(7)校外实践和交流:鼓励学生参与校外实践和交流活动。学生可以参观其他学校的体育教育课程,与其他学校的教师和学生进行交流,拓宽视野,了解不同教育实践。(8)教师培训与更新:教师也需要定期进行培训和更新,提升自己的教学理论和实践水平。教师的专业能力和教学质量对于学生的学习效果至关重要。通过坚持理论性和实践性的统一,课程设置可以更好地培养学生的综合素养和实践能力,为他们将来从事体育教育工作做好准备。

六、加强职前高校体育教师导师队伍建设

导师的执教水平对体育教师职前培养具有十分关键的作用。导师通过言传身教以及自身的学术修养,在体育教师职前培养当中发挥着上传下效的张力效应。以往我国高校体育教师职前培养体系多采用单导师制的指导模式,这种指导模式制约学生与导师二元关系的互动,限制高校体育教师的职前全面发展,束缚其学术视野,不利于高校体育教师的高质量培养。因此,导师队伍的高质量建设是培养高校体育教师的首要前提,对导师的选择需要更加谨慎。基于此,首先,要推动我国体育学导师制由以往的单一制向导师指导委员会制发生转变,形成多导师指导、协同培养职前高校体育教师的局面,提高高校体育教师职前培养的质量;其次,充分发挥优质资源效应,通过互联网等

多种路径整合国内外教育资源，进一步优化导师指导结构，拓宽指导路径，形成便捷、畅通的指导体系。

加强职前高校体育教师导师队伍的建设对于提高教师培养质量和教学水平非常重要。第一，导师选拔和培训：建立科学的导师选拔机制，通过招聘、评估和选拔等方式选拔优秀的体育教师作为导师。同时，为导师提供相关的培训和发展机会，提高他们的专业素养和教学能力。第二，导师指导和支持：加强导师对职前体育教师的指导和支持。导师应该与学生建立密切的关系，提供个性化的指导和支持，帮助学生解决学习和教学中的问题，促进他们的成长和发展。第三，导师交流和合作：建立导师之间的交流和合作机制。导师可以通过定期的导师会议、研讨会等方式交流经验，分享教学方法和资源，促进彼此之间的学习和进步。第四，导师评价和反馈：建立导师评价和反馈机制，定期对导师的教学指导和支持进行评估。通过学生、同行和上级的评价，对导师的教学效果和导师工作进行评估，及时给予反馈和改进建议。第五，科研和教研支持：提供科研和教研支持，鼓励导师参与教育研究和教学创新。导师可以与其他教师合作开展科研项目，探索先进的教学方法和教育理念，提高教学水平和质量。第六，导师奖励和激励机制：建立导师奖励和激励机制，激励导师积极参与教育教学工作。奖励可以采取资金支持、荣誉称号、职务晋升等形式，鼓励导师不断提升自己的教学能力和专业水平。第七，导师业绩考核和管理：建立导师业绩考核和管理机制，对导师的教学指导和支持进行监督和管理。通过绩效考核和岗位责任制，促使导师履行好导师职责，提高教师培养质量和教学水平。通过加强职前高校体育教师导师队伍的建设，可以提高导师的教学能力和职业素养，为职前体育教师提供更好的指导和支持，促进他们的专业发展和成长。

考虑进一步加强职前高校体育教师导师队伍建设时，以下是一些建议：(1)导师培训计划：建立全面的导师培训计划，包括教学理论、教育心理学、指导技能等方面的培训内容。培训计划可以通过专业培训机构、学术研讨会和导师交流会等方式进行。(2)实践教学经验分享：鼓励导师分享自己的实践教学经验。导师可以通过分享课程设计、教学案例和实践方法等方式，帮助职前体育教师了解实际教学工作中的挑战，掌握解决方法。(3)建立导师网络：建立导师网络，让导师之间可以相互交流和合作。导师网络可以通过在线平台、社交媒体等方式建立，为导师提供交流、分享和互助的机会。(4)导师与实习教师配对：将导师与实习教师进行配对，确保每个实习教师都能得到专业的指导和支持。导师可以负责指导实习教师的教学实践、教育观察和反思。(5)导师的持续发展：为导师提供持续的发展机会。导师可以参加学术研讨会、教学交流活动等，更新自己的教学理论和实践水平，提高导师队伍的整体素质。(6)导师教学团队建设：鼓励导师参与教学团队建设。教学团队可以由多个导师组成，共同承担教学任务和指导学生工作，提高团队合作能力。(7)导师的教学评估和反馈：建立导师的教学评估和反馈机制，对导师的教学指导进行评估和反馈。通过学生评价、同行评审和教务部门的评估，及时发现导师的问题和改进空间。(8)导师资源支持：为导师提供必要的资源支持，包括教学材料、科研经费等。导师可以借助这些资源开展更好的教学和研究工作。通过加强职前高校体育教师导师队伍的建设，可以提高导师的专业水平和指导能力，为职前体育教师提供更好的培养和指导，推动教育教学工作的不断改进和发展。

七、培养“学术扎实、技术精进”的体育教师

当前,我国体育教师大多存在具有较强的学术科研能力而缺乏运动技能水平的问题,其主要原因是:当前我国体育教师在高校学习期间,将大量时间精力用于高质量学术论文的撰写与发表上,忽视了运动技能水平的提升。因而当他们正式进入工作岗位,身份由学生转变为体育教师时,在其执教过程中往往会受到技能水平的制约。因此,首先,我国体育教师职前培养应该更注重其运动技能水平的提高,培养其掌握多项运动技能,而且还应该提升学生传授运动技能的能力,也就是说如何将所学的运动技能更好地传授给他人;同时,也要加强其创新型学术科研能力,培养“学术扎实、技术精进”与创新性研究、学术研究兼备的高校体育教师。其次,制定符合我国国情的一体化培养体系,以应对我国社会转型期的人才需求,注重体育教师职前专业技能与综合素质的培养,整体上形成体育教师职前培养的有机体系,避免人才培养资源的浪费。

培养“学术扎实、技术精进”的体育教师是非常重要的,注重培养体育教师的学术基础,包括体育教育学、运动训练学、运动生理学和运动心理学等方面的知识。通过系统的学习,使教师能够理解和运用学科知识,提高他们在教学实践中的专业素养。(1)教学技术培养:注重培养体育教师的教学技术和实践能力。教师可以通过参与教学实验、教育技术培训和实习等方式,深入了解和应用各种教学方法和工具,提高教学效果和教学质量。(2)科研意识培养:培养体育教师的科研意识和科学研究能力。教师可以参与科研项目、撰写研究论文、参加学术会议等,提高科研能力和学术水平,并将科研成果应用于教学实践中。(3)继

续教育和专业发展：鼓励体育教师进行继续教育和专业发展。教师可以参加学术研讨会、教学培训和进修课程等，跟踪学科前沿和教学发展动态，不断提升自己的学术水平和教学能力。(4)教学实践锻炼：通过实践教学锻炼，培养体育教师的教学能力和实践经验。教师可以参与课堂教学、实习指导和课程设计等实践活动，不断提高自己的教学技能和教育教学水平。(5)合作与交流：鼓励体育教师进行合作与交流。教师可以与同行交流教学心得、分享资源和经验，提高各自的教学能力和专业素养，并加强学科间的融合与协作。(6)教学评估与反馈：建立教学评估与反馈机制，定期对体育教师的教学进行评估和反馈。通过学生评价、同行评审和教务部门的评估，帮助教师及时发现问题和改进教学，不断提高教学质量。通过培养"学术扎实、技术精进"的体育教师，可以提高他们的教学能力和学科素养，为学生提供更加优质的体育教育服务。

第四节　体育教师职前培养的价值与意义

一、我国体育教师队伍存在的问题以及改革的紧迫性

体育是教育的重要组成部分，在"五育"中处于基础性地位。体育活动的目的是使学生养成良好的锻炼习惯，强健体魄，保持身体健康，使学生爱上运动进而促进终身体育。体育教育重在培养优秀的体育教师，其中包括熟练的动作技能和专业的理论素养，二者缺一不可。但就目前来说，体育教育专业生源差，大

多数人都认为文化课学不好才会去学体育，所以报考体育专业的学生大多文化课基础知识薄弱。另外，大学本科期间学习优秀的学生毕业后大多选择继续深造或者进入高中、大学担任体育教师，很少有人愿意去中小学，这就导致了中小学体育教师大多来自机构，没有接受过系统的理论学习，不明白中小学生身体素质特点，教学内容单一；倾向于输出式教学，教师以讲授为主，而不管学生学会多少。高中生、大学生体育习惯基本养成，而且课业负担重，高考也没有体育考试，学生参与体育活动的外部动力大大降低，学生在中小学阶段没有得到正确的体育启蒙，将直接影响他们今后的体育习惯。此外，体育在中小学教育中的地位偏低，体育课程安排极其有限，到了期中期末，仅有的两节体育课也被文化课占用。

改革体育教师队伍是提高学生体育素质和促进全民健康的重要举措。政府部门、学校、教育机构和社会各界应共同努力，推动体育教师队伍的改革和发展，为青少年的全面发展提供更好的体育教育资源和教学环境。学校对体育重视程度低，OBE教育理念逐渐应用到各个学科中，其中也包括体育。传统的体育教育注重成绩，强调竞技水平，忽视了学生运动习惯的培养和运动能力的提高，与体育活动的初衷渐行渐远。而基于OBE教育理念的体育教育注重学习目标，遵循反向设计原则，了解学生的体育需求(包括外部需求和内部需求)，需求既是起点又是终点，最大限度地保证培养目标和教学成功的一致性。注重学习成果而不是教学进度，提倡协同教学，发挥学生的主体作用。总的来说，当前我国体育教师队伍存在的主要问题如下：

1. 知识结构不完善，提升培训的机会较少

受传统教育思想影响，体育教师的综合知识结构不合理，专

业知识面窄，对体育文化的内涵、发展现状认识不足，对人体科学知识和先进的科学理论欠缺等。同时，体育教师缺乏进修培训的机会，大多体育教师并没有太多机会去参加专业培训，更没有机会与领域内的专家探讨交流，进步的速度较慢，这是导致教师综合知识结构欠合理的因素之一，制约着体育教学质量的提升。

确保体育教师的知识结构完善并提供更多的培训机会是非常重要的，其中包括：(1)课程设置优化：优化体育教师的课程设置，确保他们在大学期间能够全面接受相关学科的知识培训。加强基础理论学习，涵盖体育科学、教育学、心理学等相关学科知识，构建完整的知识体系。(2)教师培训资源拓展：提供更多的培训资源和机会，包括教师培训班、研讨会、学术讲座等。通过邀请专业教师和学者分享最新研究成果和教学经验，帮助体育教师不断更新知识，提高专业水平。(3)职业发展规划：鼓励体育教师进行职业发展规划，提供相关指导和咨询服务。教师可以制订个人发展计划，依据自身情况选择适合的培训机会和发展方向，实现个人和职业目标的协调发展。(4)创新教学方法：推广创新教学方法，增加教师培训的多样性和灵活性。例如，引入在线教育、远程培训等新型教学模式，提供更多的学习资源和交流机会，让体育教师有更多参与培训的途径。(5)教师交流合作：鼓励体育教师之间的交流合作，建立教师社群。可以搭建在线平台或社交媒体群组，促进体育教师之间的互动与交流，分享教学经验和资源，提供相互学习的机会。(6)资源支持和奖励机制：为体育教师提供必要的资源支持，包括教学设备、教材和科研经费等；同时，建立奖励机制，鼓励体育教师积极参与培训，通过表彰和激励，提高教师的培训积极性。通过以上措施,可以提供更多的培训机会和资源支持,帮助体育教师完善知识结构,不断提升自身能力和素质。这将对他们的教学工作产生积极影响,提高教育质量和学生的综合素养。

当出现知识结构不完善,并且缺乏提升的机会时,以下是一些可以改善这种情况的建议:(1)自我学习:利用互联网上的资源,探索自己感兴趣的学科领域的知识。在线课程、教育平台、学术论文等都可以作为学习途径或资源。制订学习计划,并坚持自我学习的习惯。(2)寻找学习伙伴:如果有人与你有共同的学习目标,你们可以一起学习、讨论和解决问题。这样可以促进集体学习和思考,建立更全面的知识结构。(3)参加会议和研讨会:尽可能参加与你感兴趣的领域相关的学术会议和研讨会。这些活动提供了与专家和同行交流的机会,可以获取新的知识和学习机会。(4)寻求导师或指导:寻找在你感兴趣领域有丰富经验的导师,他们可以指导制订学习计划,提供学术指导,并帮助体育教师构建完善的知识结构。(5)利用社交媒体和在线学习社区:加入相关的学术社交媒体平台或在线学习社区,与其他同行交流,并从他们那里获取学习资源和经验。(6)制定学习目标:明确学习目标,并制订具体可行的计划来达成这些目标;分阶段地提升自己的知识结构,从基础知识开始,逐渐提高。(7)团队合作和交流:积极参与团队项目和合作研究,与其他成员共享知识和经验。团队合作可以拓宽体育教师的知识视野,同时提供互相学习的机会。尽管培训机会可能相对较少,但通过以上建议,体育教师可以利用现有的资源和机会来提升自己的知识结构。坚持对学习的热情和持续努力,将能不断提升体育教师的能力和知识水平。

2．科研意识较弱

高校体育教师的科研意识普遍较弱，首先，教师参与科研的兴趣不高；其次，科研条件较差。主客观原因制约高校体育教师学术科研发展，致使高校体育教师科研能力整体水平偏低。

体育教师的科研意识较弱是一种普遍情况，以下一些建议可以提升体育教师的科研意识：(1)科研导向的教学：鼓励体育教师将科研引入教学中。教师可以通过引入科研问题、开展小型科研项目或设计科研实践任务等方式，激发学生的科研兴趣和实践能力。(2)科研培训和指导：提供科研培训和指导，帮助体育教师掌握科研方法和技能。培训内容可以包括科研设计、数据分析、论文写作等方面的知识和技能，通过科研导师的指导和辅导提高教师的科研水平。(3)科研资源支持：为体育教师提供科研资源支持，包括科研设备、文献资料、科研经费等。通过提供必要的科研条件和资源，激发教师的科研热情，支持他们的科研项目和学术研究。(4)学术交流与合作：鼓励体育教师参加学术交流和合作活动，如学术会议、研讨会、学术期刊质量发展会等。通过与同行学者的交流合作，分享研究成果和经验，拓宽视野，提高学术交流和科研合作的能力。(5)科研激励机制：建立科研激励机制，为体育教师提供相关奖励和荣誉。可以通过评选科研优秀教师、设立科研项目经费或奖学金等方式，激励教师积极参与科研工作，提高他们的科研意识和积极性。(6)科研团队建设：鼓励体育教师参与科研团队建设和跨学科合作。通过组建科研团队，教师可以互相支持和合作，分享资源和研究成果，提高科研能力和学术影响力。通过以上措施，有助于提升体育教师的科研意识和科研能力，这对他们个人的职业发展和学生的学术素养都将产生积极的影响。

科研意识较弱可能是由多种因素造成的。科研意识的培养需要长期的学习和实践,以及对科学和研究的热爱和兴趣。如果对科研感兴趣,但意识较弱,就可以尝试以下几个方法来提高自己的科研意识:(1)培养好奇心:保持对世界的好奇心,并主动寻找新的知识和技能。这有助于激发体育教师对科学和研究的兴趣。(2)阅读科学文献:阅读科学文献可以帮助体育教师了解最新的研究成果和科研领域的前沿问题;选择感兴趣的主题进行深入阅读,并思考其中的问题和挑战。(3)加入科研团队:参与科研团队可以提供实践的机会,并与其他科研人员进行交流和学习;可以找到导师或合作伙伴,并主动参与研究项目和实验。(4)培养批判性思维:培养批判性思维可以帮助体育教师评估和分析科研成果,并提出问题和解决方案。(5)拓宽思维方式:尝试从不同的角度思考问题。提问和讨论,积极参与科研讨论和学术会议,与其他研究人员进行交流和合作。这将有助于拓宽体育教师的科研视野,并从其他人的经验中学习。

同时可以考虑以下几点建议:(1)制定目标:设定明确的科研目标,分解成小步骤并制订计划。例如,确定想在一个特定领域进行研究,然后设定每周或每月的学习和研究目标。(2)自我学习:利用现代技术和资源,自主学习科研知识和技能。参加在线课程、网络研讨会、工作坊等,掌握科研方法、数据分析、实验设计等相关技能。(3)探索多样性:扩大学术视野,探索不同领域和学科的交叉点。跨学科研究可以带来新的洞察和创新思维。(4)寻求反馈:请教导师、同行和专家,寻求他们对其研究想法和成果的反馈。接受建议和批评,并进行不断改进和深化。(5)培养持续学习的习惯:科研是一个不断发展和变化的领域,所以持续学习是至关重要的。保持更新的科研意识需要持续关注最新的研究动态和学术进展。最重要的是要记住，科研意识的培养是一个长期投资的过程，保持对科学的热情，并坚持不懈地学习和实践科研方法。

3．道德水平与素质不足

受市场经济影响，部分体育教师的思想在利益面前动摇，上课无精打采，将过多精力放在校外兼职上，对于学生的责任感较弱，校内教学工作责任感淡薄、师德水平不高，影响教师职业信念，还影响到体育教师队伍的整体形象。

提升体育教师的道德水平和素质是至关重要的，以下是一些建议：(1)师德教育培养：注重师德教育培养，通过课程设置和师资培训等方式，引导教师树立正确的职业道德观和人生价值观。体育教师应该具备爱岗敬业、诚实守信、责任心强等基本素质。(2)职业伦理规范：建立职业伦理规范和行为准则，明确体育教师的职业道德要求和行为规范。体育教师应该积极地对待学生的发展，尊重学生的个性，做到公平公正地对待每一位学生。(3)校园文化建设：注重校园文化建设，倡导以人为本、和谐共处的教育氛围。通过校园文化的塑造，培养体育教师的良好道德品质，促进学校整体素质的提升。(4)规范管理机制：建立规范管理机制，对体育教师的道德行为进行监督和定期评估。对于道德水平不足的教师，及时进行指导和培训，引导他们改正行为，提高道德水平与素质。(5)个人成长规划：体育教师应制定个人成长规划，注重自身素质和道德水平的提升。通过参加培训、研修、阅读相关书籍等方式，不断学习和反思，提高自身的道德修养和职业素质。(6)家长合作和社会参与：加强与家长的合作与沟通，共同关注学生的全面发展和健康成长；同时与社会各界进行广泛的交流与合作，拓宽体育教师的视野，提高教育素质和道德修养。通过以上措施,可以提升体育教师的道德水平和素质,培养他们具备良好道德意识和职业操守,为学生提供更好的教育服务。

道德水平和素质是一个人的基本品质和行为准则,涉及个人的价值观、伦理标准以及对他人的尊重和关心等方面。当道德水平和素质不足时,人们可能表现出自私自利、不尊重他人、不遵守道德规范等行为。这可能对个人、家庭和社会产生负面影响,破坏社会秩序和人际关系。提升道德水平和素质的重要途径之一是教育。教育机构和学校应该注重培养学生的道德意识和价值观,教授道德教育课程,帮助学生理解道德原则和伦理规范。教育者还应该通过榜样行为和培养学生的责任感来影响学生的道德行为。此外,家庭也在培养个人道德水平和素质方面起着重要作用。父母和家庭成员应该是孩子最早的道德榜样,他们的言行对孩子产生强大的影响力。家庭应该注重家庭教育和价值观传递,引导孩子树立正确的道德观念和行为准则。社会也应该承担起责任,为人们提供良好的道德环境和正面激励。政府和社会组织可以通过法律法规和政策引导人们遵守道德规范,提供培训和支持计划,帮助人们提升道德素质。总的来说,提升道德水平和素质需要从教育、家庭和社会多个层面共同努力。只有在全社会的关注和共同努力下,才能营造出让人们更加尊重他人、遵守道德规范的社会环境。

4. 教师评价体系片面

当前,高校对体育教师的评价以在核心期刊上发表了多少篇论文、主持科研项目为标准,存在“科研偏好”及“简单量化倾向”,初衷是提升体育教师的理论素养,更好地完成体育教学任务。然而,更多的体育教师却没有处理好教学与科研之间的关系，注重科研而轻视教学，甚至部分体育教师对教学敷衍了事。

教师评价体系可能存在一些片面性，评价体系应该全面考量教师的教学能力、知识水平、教育理念、创新能力以及与学生的沟通能力等。然而，有时候评价过于强调学生的学术成绩，而忽视了教师在培养学生创造力、批判思维和综合素养方面的贡献。评价体系还应该鼓励教师在教学方式和方法上的创新，而不仅仅以传统的评分方式来衡量教师的教学效果。因此，改进和完善教师评价体系是非常重要的，以确保评价更加客观、全面和公正。

在传统的教师评价体系中，往往以学生的考试成绩为主要指标，忽视了教师的其他方面表现和专业发展。这种评价方式可能无法全面衡量教师的教学能力和贡献。一个综合的教师评价体系应该考虑到多个方面。除了学生的学习成绩，还应该关注教师的教学方法、课堂管理、与学生的关系和教育创新等方面的表现。此外，教师的专业发展，包括继续学习、教育研究和教学改进，也应该被纳入评价体系中。评价体系应该为教师提供多元化的评价方法和工具。除了传统的教学观察和学生反馈外，可以引入其他评价方式，如同行评估、教学案例分析和自我评价等。这样可以更全面地了解教师的教学实践和专业成长，并综合考量各项评价指标进行评估。另外，评价体系也需要注重公正性和客观性。评价过程应该建立在明确的标准和指标基础上，避免主观性和歧视。同时，评价结果应该为教师提供有针对性的反馈和发展建议，帮助他们进一步提升教学能力和专业素养。建立一个全面、公正和多元化的教师评价体系是一个复杂的任务，需要教育机构、学校和教育专家的共同努力。通过不断改进评价方法和指标体系，可以更好地支持体育教师的专业发展，并提高整体教育质量。

教师评价体系还应该考虑到教师的个人差异和教学环境的多样性。不同教师可能面临不同的挑战和教学条件，评价体系应该对这些因素进行合理考虑。例如，教授不同年级或不同学科的教师，可能需要基于他们的特定教学目标和学生群体设计适当的评价标准。此外，评价体系应该鼓励教师的专业成长和反思。体育教师应该被激励参与继续学习和专业发展活动，了解最新的教学研究和创新实践。评价体系可以提供相应的支持和资源，帮助教师在专业发展上不断进步。最重要的是，教师评价体系应该与教学目标和价值观相一致。评价体系应该反映教育机构和学校对于教学质量和学生发展的期望，同时也要尊重教师的专业判断和教学风格。评价过程应该建立在相互理解和合作的基础上，鼓励教师与评价者之间的对话和反馈。总之，教师评价体系的完善需要综合考虑多个因素，包括评价指标的多样性、公正性和客观性，对教师个体差异和教学环境的适应性，以及与教学目标和价值观的一致性。建立一个全面、公正和支持性的评价体系，可以更好地支持体育教师的专业成长和学生的学习发展。

5. 创新能力有待提升

高校体育教师普遍缺乏创新意识及行为，大多致力于应用研究，而创新性质的研究明显缺乏，不利于教学效果的提升，也影响教师的培养质量。

创新能力可以帮助教师设计出更富有启发性和吸引力的教学内容和教学方法，从而激发学生的学习兴趣和积极性。然而，创新并不总是容易实现的，因为它需要教师具备持续学习的态度，积极探索新的教学方法和工具，并且愿意在教学实践中进行尝试和改进。教师的创新能力可以通过提供专业发展机会来提升。学校和教育机构可以组织教师培训和研讨会，让教师了解最新的教育研究和教学理论，学习新的教学技术和工具；也可以鼓励教师之间的合作和分享，促进彼此之间的创新和学习。此外，学校领导层也需要支持教师的创新努力。他们可以提供资源和支持，鼓励教师进行实验和创新，同时也要给予足够的时间和空间，让教师能够尝试新的教学方法和策略。综上所述，提升教师的创新能力需要教师自身的不断学习和努力，同时也需要学校和教育机构的支持和促进。只有这样，教师才能在教育实践中不断探索和创新，为学生带来更好的学习体验和成长机会。

创新对于教师来说是一项关键技能，因为它可以帮助他们应对不断变化的学习需求和教学环境。许多教师可能在传授知识和运用常规教学方法方面非常熟练，但在创新教学方面则可能面临挑战。为了提升教师的创新能力，有几个关键方面值得关注。首先，教师需要不断学习和更新自己的教学知识和技能。这可以通过参加专业发展机会、研讨会和培训课程来实现，以了解最新的教育趋势、教学工具和方法。其次，教师还可以通过与同事和其他教育从业者的互动交流来激发和培养创新能力。合作和分享经验可以促进教师之间的创意和创新，并为他们提供新的思路和方法。此外，学校和教育机构可以提供支持和资源，以鼓励教师进行创新实践。建立一个鼓励教师尝试新方法、倡导实验教学和提供支持网络的文化，可以为教师提供更多发展创新能力的机会。总而言之，体育教师的创新能力是一个不断发展和提升的过程，通过继续学习、与同事互动和得到支持，教师可以不断提升自己的创新能力，为学生提供更多富有创意和启发性的学习经验。

二、 我国教师职前培养模式的发展现状

1. 教师职前培养模式的多样化

陕西师范大学本科层次实行“2＋2”中小学教师职前培养模式，师范生入学前2年按一级学科进行通识培养，学习通识课程模块和学科基础课程模块；后2年进行专业培养，学习专业课程模块，教师教育及实践教学模块。“2＋2”本科人才培养模式：一是坚持“厚基础、宽口径、高素质、强能力”的基本原则；二是坚持文理渗透原则。该校“4＋2”的教师培养模式可以概括为“一个体系，两次分流，五个阶段，城乡合作互助”。一个体系，即本科教师教育和研究生教师教育一体化。两次分流，即学生进校接受一年通识教育后进行专业定向分流，是不同专业的分流；本科毕业后的教育学硕士教育的分流，是不同学历层次的分流。五个阶段，即“厚基础、宽口径”通识教育和学科基础教育阶段，专业定向教育阶段，教师专业理论及相关的学科知识教育阶段，深入西部农村进行为期一学期的教育实习支教和基础教育调研阶段，专题的教育理论和教育实践问题研究阶段。城乡合作互助模式，即师范大学教育教学与农村中小学教育教学实际相结合，“4＋2”模式要求教育学硕士在实习学校支教半年，注重实操能力和教师职业技能训练，强化“4＋2”教育学硕士的理论与实践相结合及实践教学环节。

教师职前培养模式的多样化是现代教育体系发展的重要方面。传统上，教师职前培养主要是通过师范院校进行的，以提供教育学习和教育实习为主。然而，随着教育的多样化和教育需求的变化，出现了更多适应不同背景和需求的培养模式。一种多样化的教师职前培养模式是教育学院与中小学合作的实践项

目。学生可以在实际教学环境中进行实习,并接受来自中小学教师的指导和评估。这种模式可以帮助学生更好地理解教学实践,并提前适应教师角色。另一种多样化的教师培养模式是通过在线学习平台提供的教育课程。通过在线学习,学生可以根据自己的兴趣和时间安排参加教育相关的课程。这种模式允许学生在自己的步调下学习,更加灵活地安排自己的学习进程。此外,一些教育机构还提供专门的培训计划,帮助具有其他专业背景的人员转型为教育工作者,这种培养模式针对那些有志于从事教育工作但没有接受过正规教育学习的人群。通过这种模式,他们可以获得必要的教育知识和技能,并进行实践培训。还可以通过国际交流和合作的方式拓宽教师职前培养的多样化:教育机构可以与其他国家的教育机构合作,共同开发教师培养项目,为教师提供跨文化、国际化的教育经验。总之,教师职前培养模式的多样化能够更好地满足不同学生和教育工作者的需求,并帮助他们更好地从事教育职业。这样的多样化模式可以促进教育的创新和发展,从而提高整个教育体系的质量和效果。

另外,教师职前培养模式的多样化可以包括共同培养项目和实践体验。教育机构可以与其他领域的机构合作,如艺术学校、科学研究机构或商业组织,共同培养具备跨学科知识和技能的教师。这种模式可以帮助教师更好地理解不同领域的知识和实践,并在教学中融入多元化的学科内容和方法。此外,教师职前培养模式的多样化还可以包括社区参与和实践课程。学生可以参与社区服务项目,如支教偏远地区的儿童、弱势群体或进行国际义教等。通过这样的实践体验,学生能够更好地了解社会需求和不同群体的教育需求,培养关爱他人和奉献社会的责任感。此外,培养教师的领导能力也是教师职前培养模式的重要方面。教育机构可以为学生提供领导发展机会,如组织学生团队、参与学校管理和规划等。这种模式可以帮助学生培养领导技能、团队合作能力和问题解决能力,为将来担任教师领导或管理职位做好准备。最后,教师职前培养模式的多样化还需要注重教师个体的需求和发展。每位教师都有不同的学习风格、兴趣和目标,教育机构可以根据个体情况提供个性化的培训计划。例如,一些教师可能更擅长技术应用,可以提供针对技术教育的专门培训;而其他教师可能对特殊教育感兴趣,可以提供相关领域深入学习的机会。总而言之,教师职前培养模式的多样化能够更好地满足不同学生和教育工作者的需求,并为他们在教育领域的职业发展提供充分的准备。这种多样化模式可以促进教育的全面发展,为学生提供更优质的教育服务,同时也为教育工作者创造更广阔的成长和发展机会。

2. 关注理论与实践的结合及教育教学实践能力的培养

理论与实践的结合、理论向实践转化一直是教育研究中的热点问题。对绝大多数师范生而言,在实习或入职初期,都会对理论与实践之间的距离之大有切身的体会,会对职前在校期间几年的理论知识学习质疑,看不到理论对实践的指导及对师资建设发挥的作用,这在一定程度上加重了新手教师对工作的不适应。这一现象的出现,究其本质在于未能"活学活用",首先是职前培养阶段未能做到"活学",自然在职后也就难以做到实践中的"活用"。基于这一问题,很多师范类院校开始关注理论与实践的结合以及学生教育教学实践能力的培养。具体的方式有:在人才培养计划中增加实践类课程及课时比例,如增设实验课、实训课或课内实践的课时比例,还有的延长师范生实习时间,也有建立师范生的实践实训基地或与中小学校等建立协同创新人才培养基地的一体化尝试等。

理论与实践的结合以及教育教学实践能力的培养是一项非常重要的工作。将理论知识与实际应用相结合，可以帮助教育工作者更好地理解和应对现实教学场景中的挑战。通过实践，教育工作者能够获得宝贵的经验和洞察力，从而更好地指导学生，并提高教学效果。培养教育教学实践能力需要多方面的努力。首先，教师需要不断学习和更新专业知识，了解最新的教育理论和实践。其次，教师可以积极参与实践活动，如实习、授课、教研等，将理论知识应用于实际教学中，并通过反思和交流来提高自己的实践能力。此外，与同事、学生和家长的良好沟通和合作也是培养实践能力的重要方面。教育机构和学校还可以提供支持和培训，帮助教师不断提升他们的实践能力。这可以通过专业发展计划、实践导向的教学培训、教师间的合作交流等方式实现。同时，教育工作者也可以利用现代技术和在线资源来继续学习和发展。总之，理论与实践的结合以及教育教学实践能力的培养是一个不断进取的过程，需要教育工作者的持续努力和学习。

当教育机构和学校致力于结合理论与实践，并培养教育教学实践能力时，一些方法和策略可能会很有帮助。首先，为教师提供多样化的培训和发展机会。这可以包括参加专业研讨会、工作坊和研究项目，以及与其他教育工作者进行交流和分享经验；通过观摩其他教师的课堂或与他们进行协作，教师可以学习到更多实践经验。其次，鼓励教师进行行动研究和实践改进。教师可以选择一个感兴趣的教学问题，进行深入研究，并通过实践改进来解决问题。这种实践的反思和改进过程能够帮助教师提高教学效果。再次，教育机构可以鼓励教师参与社区服务和实践项目。通过与社区合作，教师能够将课堂知识与实际问题相结合，帮助学生更好地理解和应用所学知识。最后，建立支持性的反馈和评估机制也是关键。教育机构可以提供定期的评估和反馈，帮助教师了解自己的实践水平以及有待改进的方面。同时，鼓励同事之间的互相观摩和评估，可以促进教师之间的合作和共同成长。通过以上方法和策略，教育机构和学校可以促进理论与实践的结合，并培养教育教学实践能力。这将有助于提高学生的学习效果和实际技能，并为他们的未来做好准备。同时，教育工作者自身也将受益于不断发展和提升自己的实践能力。

3. 教师培养学历层次提高

除了陕西师范大学的"4＋2 模式"之外，其他高校还创建了3－3－2－2 教育实习模式、4＋2＋1 卓越教师人才培养模式等，将本科教育和研究生教育有机贯通，以造就有专业实践能力和学术研究能力的优秀师资。如华东师范大学 2006 年构建的"4＋1＋2"模式，即 4 年本科教育加上 2 年中学教育实践再加 1 年硕士培养；还有上海师范大学的"3＋3 模式"中，前 3 年按照本科原专业统一教学计划进行培养，后 3 年在不间断教育实践的基础上完成硕士课程学习。

提高教师的学历层次可以提升他们的专业知识和教育水平，从而提高教育质量。为了实现这个目标，许多国家和地区采取了一系列措施。一方面，一些国家鼓励教师进行继续教育和专业培训，以提高他们的知识和技能；另一方面，一些国家也在提高教师入职资格标准，要求教师具备更高的学历和专业背景。同时，一些国家还设立了奖学金和补贴计划，以鼓励更多人选择教育专业并提高自己的学历水平。这些努力旨在打造一支高素质的教师队伍，以确保学生得到更好的教育。

除了提高教师的学历层次，还有其他一些方法可以进一步促进教师培养的发展。以下是一些可以考虑的方面：(1)提供优质的教师教育课程：确保教师培养机构提供高质量的教育课程，涵盖基本的教育原理、教学方法和课程设计等方面的知识。这有助于确保教师在进入职业之前有坚实的教育基础。(2)加强实习和实践经验：实践经验对教师培养至关重要。为教师提供充足的实习机会，使他们有机会与实际教学环境进行互动和交流。这将有助于提升他们的教学能力和适应性。(3)建立导师制度：导师制度为新教师提供指导和支持，帮助他们适应教学工作，提升教学能力。经验丰富的教师可以通过分享自己的经验和指导新教师的方式，帮助他们更好地成长。(4)鼓励教师专业发展：提供专业发展机会，如参加学术会议、研讨会和教育研究项目等，以帮助教师不断更新知识和技能。同时，还可以设立奖励和认可机制，鼓励教师积极参与专业发展。(5)建立良好的教师评估和激励机制：建立有效的教师评估体系，以确保教师的教学质量和绩效能够得到客观评估。根据评估结果，提供相应的激励措施，以鼓励教师不断提高自己的教学能力。这些努力的综合应用可以为教师培养提供更好的环境和条件，进一步提高教师的学历层次和专业素质。通过这些措施，可以期待教育水平的进一步提升，促进学生的全面发展和社会的进步。

4. 开始探索免费师范生教育

我国自 2007 年秋季开始在 6 所部属师范院校推行师范生免费教育，加大对教师教育的支持力度，旨在落实教育优先发展战略，为造就大批优秀教师和教育家奠定基础。这标志着我国教师培养体系多元化格局形成，计划与市场并存，公平与效率兼顾。在国家这一政策引导下，有部分省市也开始了省级的免费师范生政策，如陕西省自2013年起针对幼儿教师开展的免费师范生支持项目。这些政策的出台，一方面，吸引了一批优秀的人才进入师范生队伍；另一方面，也保证了能将这一批学生输送入未来的师资队伍中。新疆开启“定向培养免费师范生计划”，由新疆师范大学、喀什大学等4所院校承担本科层次培养任务，和田师专、伊犁师范学院等6所院校承担专科层次培养任务；并进行为期一学期的实习支教，独立完整地承担支教学校的教学工作任务。增强地方师范院校在教师职前培养中的作用，为本地区经济社会发展做出贡献。

开始探索免费师范生教育是提高教师素质和促进教育公平的一种创新举措。以下是关于免费师范生教育的一些观点：(1)免费师范生教育可以吸引更多有志于从事教育工作的人才。教师是社会发展的重要力量，对于提高教师队伍的素质和数量具有重要意义。免费师范生教育可以减轻教育专业学生的经济负担，吸引更多具备潜力和兴趣的学生选择从事教育工作。这将有效扩大师资队伍的规模，并提高教师群体的整体素质。(2)免费师范生教育可以提高教育公平。教育公平是一个重要的社会价值，免费师范生教育可以为贫困地区和低收入家庭的学生提供接受高质量师范教育的机会。通过免费提供师范生教育，可以消除教育资源分配不均和贫困地区师资短缺的现象，提高教育公平水平。(3)免费师范生教育可以促进教师素质的提高。教师是教育质量的关键因素，提高教师素质对于提升教育水平至关重要。通过免费师范生教育，可以为教师提供高质量的专业培训和学习机会，注重教育理论和实践的有机结合。这将有助于培养出更多高水平的教师，提高整体教育水平。(4)实施免费师范生教育需要政府的支持和投入。教育是国家发展的基础，政府应该加大对教育的投入，并制定相应政策来支持免费师范生教育的实施。政府可以通过财政补贴、奖学金和减免学费等方式来减轻教育专业学生的经济负担，并提供优质的教学资源和实践机会。同时，政府还应加强对师范教育质量的监管和评估，确保教学质量和培养效果。综上所述，探索免费师范生教育对于提高教师素质和促进教育发展具有重要意义。免费师范生教育可以吸引更多有实质意愿的人才，提高教育公平，提高教师素质，并需要政府的支持和投入。教育机构、政府和社会各界应共同努力，推动免费师范生教育的发展，为教师培养和教育公平做出积极贡献。

三、 国外教师职前培养模式的实践探索

1. 英国职前教师专业发展的培养

作为老牌的发达资本主义国家，英国的师范教育有着悠久的历史。在终身教育思想的影响下，西方国家在二战后提出了教师教育终身化和一体化的问题。1972 年，英国学者詹姆斯(James)提出了教师“培养、任用、进修”的“三阶段理论”，并将整个教师教育的过程分为职前教育、入职教育和职后教育三个阶段，使人们认识到教师的专业成长应该是一个连续不断的过程，要贯穿于师资培养和培训提高的全过程。1992 年，英国教育和科学部在《教师职前培养改革》文件中，提出了 27 条教师基本技能及其对各项技能的鉴定方法，具有较强的操作性。这些基本技能包括组织课堂的技能、口语技能、科学课(化学、物理、生物等)实验技能、组织班会技能、组织兴趣活动技能等。1999 年，英国正式提出在英格兰和威尔士地区建立新教师入职培训制度，

作为从职前准备到教学实践的过渡阶段，使新教师向职业教师的过渡很好地衔接。该制度规定首次参加工作的新教师都必须完成3个学期(相当于一学年)的入职培训，培训机构可以是地方教育当局或新教师所在学校。在培训期间主要是对新教师进行监督和支持，对新教师的表现进行评估。但是，英国的教师职前教育在20世纪70年代进行了一次大的改革，取消了师范院校，而以“高等教育学院”取代了地方教育学院的功能。高等教育学院和大学教育学院以及艺术中心一起培养师资。

英国教师的培养模式采取“4＋0”和“3＋1”两种模式：前者是学生入学后，学科专业训练和教师专业训练同步进行的一体化模式，该模式以“教育学士学位”(Bachelor of Education Degree，简称BED)课程为代表，以培养小学教师为目标，该课程的入学条件相对较高，要求数学和英语两门学科的中等教育会考成绩必须合格才能录取，与大学其他本科的招生标准持平；后者是3年的学科专业学习加1年的教育专业训练，培养中小学教师，要求先进行学科学习并取得学科专业的学士学位，然后再接受为期1年的专业培训教育的模式，该模式以“研究生教育证书”(Post-graduate Certificate of Education，简称PGCE)课程。英国教师职前教育课程主要包括三个不可分割的组成部分：学科研究(Subject Studies)，专业研究(Professional Studies或Teaching Experience)，教学实践(Teaching Practice或Teaching Experience)。“学科”是指职前教师所修专业的学科门类。“学科研究”是指围绕国家规定课程的核心学科和基础学科之中的研究领域进行研究，涉及对该领域知识的了解、掌握与实践结合的能力，同时注重对教学研究、课堂教学能力和科研能力的培养。“专业研究”培养目标是掌握某一专业领域的理论基础和宽广的专业知识，职前教师专业研究涵盖不同领域、涉及教师职业的内容，让教师职前具有较强的解决实际问题的能力，能够更全面地了解和认识教育基本规律，更好地促进职前阶段教师的专业发展。“专业研究”包含了大量的教育理论课程内容，具体包括教育哲学、教育史、教育心理学、教育原理、儿童发展等课程，一些大学还提供课程研究、视听教学、心理学、教育制度与行政、社会学等课程。

英国师范教育的一大特色在于“以学校为基地的师资培训”(School-Based Teacher Training)，特别强调师范生教育教学能力的培养，充分发挥学校的主体作用，并结合学校教育教学的实际需要而设置了别具特色的教育课程，如学科研究、专业研究和教学实践课程。“以学校为基地”的师资培训包括以中小学为主或者以大学为主的教师培养模式，为职前教师提供了真实的实习环境、经验学习的机会及有力的指导。既可以使大学有力地监督和指导学生的实习，发挥监督者的作用，又可以发挥学校有经验教师的“传、帮、带”功能，承担引导者的角色。通过大学与中小学的积极配合，挖掘了它们在教师教育方面的潜力，能够完整、全方位地对学生进行培养。另外，对新教师进行评估是入职培训过程中的一个重要环节，是保证培训结果的关键。在入职培训过程中，每学期末由校长对新教师进行正式的评估，以确定新教师是否取得进步和完成入职培训计划。培训结束后，校长根据每学期评估结果对新教师的教学做出终结性评价，并向地方教育当局递交一份关于新教师是否达到入职培训标准的推荐书，地方教育当局据此决定新教师是否完成入职培训。将入职培训引入师资培养的过程中，使教师的培养方式更加科学、规范。新教师得以接受有经验的教师的指导，能够尽快熟悉教学过程，尽可能在短时间内胜任教学工作，大大缩短了适应期。实习生可将理论应用于实践，并反思理论的正确性，使实习生真正明白实践中所需要的教师的标准要求，保证教育实习的实效。

“教学实践”课程是英国师资培训课程的核心和特色。英国的师资培训机构非常重视大学与中小学的交流互动，主要采取高等院校与中小学合作办学的方式，拓展师范生的教育见习和实习领域，使师范生的教育实践更加符合中小学的教育教学实际。在教育实习中，英国大学教育学院通常选择一批有代表性的学校，并且每所大学教育学院都有数十所中小学作为实习基地。学生必须至少在两所学校中实习，而且尽可能教不同的年级和班级，这样，学生可以体验不同学校的学习需要和管理方式以及不同年级学生的教学方式，再从中抽象出一般的教学原理。英国师范生的教育实践有两种形式：一种称为非正式教育实习，相当于我国的教育见习。通过实地接触一所中小学，让学生加深对中小学的了解以及熟悉掌握教师职业技能。另一种称为正式教育实习，相当于我国的教育实习。英国大学通常选择一批有代表性的中学作为实习基地。在这些学校中，有位于郊区的富人子弟学校，有位于工厂区的工人子弟学校，有位于闹市的少数民族聚居区学校等。英国师范生的教育实践时间远比我国师范院校教育实习的时间长，一般要求不少于 20 周的教育见习和实习期。为加深实习学校教师与大学指导教师之间的相互理解，一些大学成立了由实习学校、地方教育当局以及大学教育学院组成的“伙伴关系指导小组”。实习生的指导教师分为 4 种：(1)学科指导教师：由实习学校经验丰富的教师担任，主要负责实习生的教学实习并同大学指导教师密切合作。(2)专业指导教师：通常由实习学校副校长或指定的高级教师担任，主要负责师范生在实习学校的全部计划。(3)联络教师:由大学或教育学院教师担任,主要负责联络和协调工作。(4)教学指导教师:来自大学或教育学院,主要负责对实习生所授学科的评价和指导。

英国的教师培养工作主要由教师培养署(Teacher Training Agency)与教育标准办公室(Office for Standards in Education)两个部门共同管理。教师培养署是根据 1994 年教育法而建立的统一管理教师培养工作的半官方机构,它负责认证各种教师培养机构的资格,并评估教师培养的质量。成立于 1992 年的教育标准办公室是英国女王的首席学校督导官办公室,专门负责组织对全英格兰 24000 所受国家资助的学校工作进行常规性检查,以提高教育水平和质量标准,同时还检查地方教育当局以及大学中的职前教师培养课程和质量等。

英国在教师教育改革过程中十分注重教师职业技能的培养。有许多地方建立了职业技能档案,要求师范生形成自我记录、自我分析与他人评价相结合,不断克服存在的问题,养成合格教师应有的素质,并希望在加强教师职业技能培养的过程中中小学教师能给予协作。如英格兰和威尔士在 1992 年至 1993 年联合发布了一系列通告,规定中小学教师必须具备的教育胜任力,包括学科知识、学科教学、班级管理、学生成绩的记录与评价以及参与学校管理等。苏格兰的教师职前培养政策比英格兰和威尔士的更为详细和明确。北爱尔兰教育部也表示将参照英格兰和苏格兰的办法改进教师培养体制。1994 年,教育家泰勒(Taylor)在分析当时英国的教师教育政策时认为,教育胜任力是衡量教师培养效果的"核心标准"。

英国在 2019 年 1 月实施《早期职业框架》改革,又于 2021 年 3 月新修订了教师法定入职培训指南《对早期职业教师的入职培训》,都旨在完善教师职前培训制度,其中详细描述和介绍了新合格教师在法定入职培训中需要经历的环节以及每个环节需要进行的考核和评估,并对各种特殊情况也做了相应的说明,为英国早期教师法定入职培训提供了清晰的指导。该指南体现了多方有序参与、覆盖全过程,突出过程管理、注重证据收集,筛选与机会并存、激发教师活力的特点。英国《对早期职业教师的入职培训》指南与英国的《教师标准》一样经历了多次系统的修订和删改,虽然名称有所变化,但内容却越来越详尽细致。

2. 日本教师职前教育模式

日本专门的教师教育职前培养机构产生于明治初期。自东京师范学校创建以来,日本教师教育职前培养走过了封闭型、开放型、封闭型和开放型并存综合型模式的三个发展阶段。

第一个阶段是盲目学习西方的封闭型阶段。日本的资产阶级革命进行得相对较晚,在明治维新开始时,西方主要发达国家已经建立了专门培养教师的初等师范学校和中等师范学校。1872 年,日本模仿西方发达国家创建了东京师范学校,开创了日本教师教育职前培养的新局面。1879 年,日本公布了《教育令》,申明各都道府县可设置公立师范学校培养公立小学教师。1881 年,日本政府颁布《师范学校教则大纲》,把教师教育职前培养机构分为"初等师范学科""中等师范学科"和"高等师范学科"三类,学制分别为 1 年、2 年半和 4 年。1886 年,日本政府又颁布了《师范学校令》,把师范学校分成高等师范学校和普通师范学校两种类型,确立了高等师范学校和普通师范学校两级教师职前培养体系。高等师范学校主要为普通师范学校和中学培养师资,普通师范学校主要培养小学教师。之后,为了补充中学教师的不足,又陆续设置实业教员养成所、临时教师养成所等来培养教师。1943 年颁布的《修改师范教育令》将原来中等教育水平的地方府县设置的师范学校升格为具有高等教育水平的国立专门学校。

第二个阶段是被迫转向“开放型”教师教育职前培养阶段。日本战后的师范教育深受美国的影响。1947 年，日本政府在美国教育使节团的影响下制定了《教育基本法》和《学校教育法》，开始了日本教育史上第二次全面的教育改革；同年教育刷新委员会第八次特别委员会发表了《关于教师的培养（一）》改革报告，报告阐明了建立开放型教师职前培养模式，取消专门教师培养机构，各类学校都可以参与教师培养的改革立场。在其基础上，日本首先着手对战前的旧制师范学校进行整编，将其改革为新制大学。1949 年，日本在其《教育职员资格法案》中提出：从幼儿园到高中的教师一律由新制大学培养，现有的师范学校可改为学艺大学。于是全国师范学校纷纷合并升格为学艺大学或综合大学的学艺部或教育学部。由师范学校培养教师的做法被废除，并规定中小学教师均要获得“普通教育资格证书”方可任教。日本的教师教育职前培养也出现了教师资格认证制度，走向了“开放型”的教师专业化发展方向。

第三个阶段是“混合型”教师教育职前培养阶段，在经过一段时间的“开放型”教师教育职前培养模式的实践后，为了保证教师“学术性”与“师范性”的结合，提高教师培养质量，1978 年以来，日本又陆续建立了几所专门培养教师的教育大学，打破了完全“开放型”的教师教育职前培养模式。日本教师职前培养由文部省认可的高等教育机构负责，其中小学教师在国立教师教育大学、综合大学教育学部或短期大学中培养；初中教师在四年制大学或短期大学中培养；高中教师在四年制大学或研究生院中培养。20 世纪 90 年代以来，在国际化、信息化的时代背景下，日本确立了培养学生“生存能力”的教育目标，对教师教育职前培养提出了新的要求。同时，由于受教师资格证书的终身性和中小学教师薪酬优厚的吸引，日本出现了一些“无作为教师”和“证书教师”，导致日本教师队伍整体素质下降。为了解决这一问题，1997 年，日本教师养成审议会在《面向新时代教师养成的改进对策》中提出，教师教育职前培养除了要培养任何时代教师都应具备的资质与能力外，还要有培养学生自己学习、自己思考以及丰富人格等生存能力的资质与能力。为此，日本的教师教育职前培养更加注重教育实习和现场研究，将教师职前培养阶段的一次性教育实习分散到大学 4 年之中进行。

日本的教师职前培养模式形成于 19 世纪中期，二战前的日本实施“封闭型”的教师职前培养模式，以东京师范学院为代表的专门教师培养机构的建立使教师培养较为统一、规范；二战后日本通过采取合并、兼并等方式将旧制师范学院改组为综合性大学或综合性大学教育学部，开始由封闭型向开放型教师职前培养模式转变。近年来，为了满足社会发展要求，教师职前培养逐步向综合型模式发展，以实现教师培养层次高水平化、培养内容完整化。日本教师职前教育的特色是将教师职前培养的教育实习分散到大学 4 年中进行。4 年的实习任务分别是体验实习、基础实习、教育实习、研究实习，从参加中小学校的各类课外活动、听课、独立教学到拟定研究题目进行试验研究完成毕业论文，完成教师职前培养。日本作为亚洲经济最发达的国家，非常重视教师的职前培养，其教师教育职前培养呈现出以下特点：首先采取开放型的教师教育职前培养体制。第二次世界大战以前，日本实行的是封闭型的教师教育模式，战后，作为战败国的日本进行了教师教育改革，废除了传统的由专门师范学校培养教师的制度，开始推行教师培养的多渠道化，其中小学教师培养机构有教育大学、短期大学、学艺大学和综合大学等。小学教师的培养任务由 2 年学制的短期大学来承担；中学教师的培养主要交给综合大学，学制 4 年。教育大学和学艺大学既培养中学教师，也培养小学教师。短期大学学制 2 年，主要培养小学教师；4 年制综合大学主要培养中学教师。

3. 俄罗斯教师职前教育发展

俄罗斯教师职前培养模式的发展大致可分为苏联时期和俄罗斯联邦时期。

（1）苏联时期的教师职前培养模式

十月革命前苏联的小学教师由师范学堂培养，中学教师则基本上由综合大学和两所历史语文学院（彼得堡和涅仁斯克）培养，由综合大学培养的中学教师在专业方面较好，但在教育学方面的培养几乎没有。十月革命胜利后，苏维埃政府在收回教育领导权的同时大力发展师范教育，从而使师范教育进入了一个全面发展的新阶段。到卫国战争前夕，苏联已形成以培养高中教师为目的的 4 年制师范学院，以培养 5～7 年级教师为目的的 2 年制师范专科学校和以培养小学教师为目的的中等师范学校构成的三级师范教育体系。卫国战争以后，苏联面临着恢复和发展国家经济与文化的双重艰巨任务。为了更快地解决普及 7 年制教育的师资补充问题，战后前十年苏联采取了一系列措施，如在中学增设培养小学教师的 11 年级师范班、建立以 10 年制学校为基础的 2 年制师范专科学校、恢复和新设了高等和中等师范教育函授部、扩大师范学院研究生部、开办 1 年制专设师资班等。从 1953 年起，苏联师范教育制度开始进行结构性调整，其根本标志就是取消师专的设置。1954 年,苏联做出决议,将部分办学条件较好的师专改为师范学院,另一部分关闭。从此,形成了苏联战后的两级师范教育制度,即小学教师、幼教工作者由修业 3～4 年的中等师范学校培养,中学各科教师由修业 4～5 年的师范学院培养。此外,还有一些综合性大学承担培养中学师资的职能,其招收对象为完全中学毕业生,培养目标是高年级的学科教师。为培养中小学音乐、体育、美术、劳动教学教师和外语教师,苏联设立了专门的师范专科学院。为培养职业技术学校师资,苏联还专门成立了工程师范学院,在一些技术专科院校也设立了工程师范系。20 世纪 80 年代以来,苏联高等师范教育进入一个崭新的发展阶段——全面改革、追求高质量阶段,进一步提出在一系列综合大学中增设师范部系要求。更为重要的是,进一步扩大了高等师范院校的师资培养范围:在师范学院开设了低年级教育学、教学法系和专门培养普通技术学科和劳动教学教师的系。1985 年,还采用新的教学计划,对课程设置做了重大调整:明显增加学生学习教育学、心理学的时间和内容,4 年制单专业和 5 年制双专业的学习时间由 100 小时增加到 140 小时;还制定了连贯性教育实习新方案,即一年级以观察性实习为主,二年级以班主任助手的身份参加实习,三年级作为任课教师助手,高年级独立完成教育教学任务。

(2) 俄罗斯联邦时期教师职前培养模式

苏联解体后原有的教师培养模式不能满足俄罗斯向市场经济过渡时社会对不同类型学校所需要的不同规格的教师的要求,同时也和其他发达国家高等师范教育高层次化发展相违背。根据 1992 年俄罗斯高等教育委员会《关于在俄罗斯联邦建立多层次高等教育的决议》精神,俄罗斯高等师范教育向建立多层次教育结构方面改革。此后,俄罗斯采取连续性、多层次的教师培养模式,师范教育改为三个层次:第一层次修业 3 年,培养目标是初中以下教师,授予基础教育教师证书;第二层次是在第一层次基础上继续学习 2 年,培养目标是高中教师,授予学士学位;第三层次是在第二层次基础上继续学习 2 年,培养目标是文科中学、实科中学、中等专业学校教师和大学助教,授予教师、研究者专门技能证书和硕士学位。1995 年 6 月,俄联邦国家高等教育委员会发表了《高等职业国家教育标准》,该文件确立了高等师范教育专业培养内容和水平的最低标准要求,规定教师职业发展方面的课程占本科教育总学时的实习的时间长达 20 周,其中大部分时间可以在中学的实际教学环境中观摩与实习教育活动。俄罗斯还借鉴国外创办综合大学的经验,进行教改试点,将原有的诺夫戈罗德工学院、农学院、医学院和师范学院全部并入国立诺夫戈罗德大学,解决了苏联时期师范院校的学术水平低、教学内容陈旧老化、学生知识面过窄过死的问题,为培养高水平中学教师做出了成功的尝试。

4. 法国教师教育专业发展培养模式

法国的教师教育历史悠久。1684 年,法国"基督教兄弟会"成员拉萨尔(Lassalle)开办小学教师训练讲习所,是世界上最早的教师教育机构。1990 年,法国《教师方向指导法》开始实行,法国的教师教育培养机制掀起了新一轮的改革浪潮。在这次改革中,综合性大学里的"教师培训学院"取代了原有的教师培训机构,承担起培训基础教育教师的重任,从而开启了法国教师教育培养的一体化建设。"教师培训学院"的办学性质是公立的,办学方式是依附综合性大学来进行办学的,办学时间一般分为两个阶段:3 年的"前专业主义阶段"和 2 年的"专业主义阶段"。在第一个阶段，学习者的身份是学生；第二个阶段变成了“实习教师”，通过两个阶段的培训并顺利结业后，师范生的身份正式转化为“教师”。通过两个阶段的学习和实践，教师的专业发展能力明显增强，青年教师对于教师这一职业的认可度极大地提高了。

法国教师职前教育有着悠久的历史和传统。现行的职前教师教育机构是教师教育大学院，2010 年 9 月开始实施“3＋2＋1”硕士化培养模式，其中教师教育学制 2 年，学习内容涉及教学法、教育心理学、教育社会学、教育技术及责任实习等。这种培养模式将教师职前培养的起点提高到 3 年，学习获得学士学位之后；同时重视专业定向及教师专业化发展，用 2 年时间进行教师教育专业训练，在教师的专业教育方面大大加强。教师教育大学院作为专门的教师培养机构，提高了职前教师教育的入学标准，对传统师范教育课程和教学进行改革，并建立了严格的教师资格考试制度，其对未来教师的入口关（入学标准）、培养机构、课程设置及出口关（资格认证）方面设定的“高标准、严要求”，充分保障中小学教师职前教育的质量。

法国教师职前培养中教育实习以终身学习理论（Lifelong learning）和反思性实践理论（praticien réflexif）为基础，激发了法国以培养教师终身学习关键能力为核心组织教学与实习，并在“在行动中反思”和“对行动的反思”中，形成实习行动在教育督导总署（l'Inspection Générale）、学科教师代表（des universitaires représentants les disciplines enseignées）和实习教师（enseignants-stagiaires）之间的循环对话，推动着法国教育实习的理论变革。在此基础上，2013 年 7 月，法国国民教育部颁布《教师和其他教育从业人员专业能力参考》，确立了教育实习的主要目标。

5. 德国师范生的培养模式

德国的师范教育源远流长，早在1747年，德国的柏林就出现了公立的师范教育学校。到20世纪60年代，德国的师范教育模式发生了重大改革，主要由综合性大学代替传统的师范学校和师范大学来培养教师。综合性大学主要培养9年制中学和中等职业学校的师资，而小学教师和5年制学校的教师培训任务交由现存的极少数师范院校来承担。其师范教育主要采用综合的教师培养模式，师范生的培养由修业和见习两个阶段构成。学生在修业阶段主要进行专业学习；而见习阶段的主要任务是培养师范生中小学执教的能力，这一阶段，师范生去中小学参加教育实习。师范生的教育实习时间长达2年，在这2年中，师范生按照所属学科进行分组，以研讨会的形式，在资深的培训者的带领下在中小学开展实习工作。其间，实习学生同其指导教师一起备课、上课，并接受专业考核。当然，实习生也可以单独进行备课和试讲，并进行教学反思，接受同行的点评，在实践中锻炼和提高自己的教育教学能力。不管通过哪种实习方式，都能给师范生足够的时间和机会进行训练和提高，使其走上真正的教学岗位，从而很好地胜任教育教学工作。

德国严格选拔师范生，德国中小学教师都是由学术性高等学校进行培养。培养教师的高等学校主要是综合性大学和专科大学，其次是高等师范学校。大学主要是培养完全中学教师和实科中学及相当于高中阶段的职业学校师资，高等师范学校主要是培养小学教师。在大学教师教育专业和高等师范学校入学条件方面有着十分严格的规定，即只有完全中学毕业生才有资格接受师范教育。在修业阶段，德国中小学教师培养主要采取两种形式:一是按照学校类型培养教师。德国的中小学教育可以分为基础学校(1～4年级)、主体中学(5～10年级)、实科学校(5～9/10年级)、完全中学(5～13年级)、职业学校和特殊学校。二是根据不同教育阶段培养教师,即按照初等教育阶段教师、中等教育第一阶段(5～10年级)教师和中等教育第二阶段(11～13年级)教师分别进行培养。在修业阶段的期限方面,如果实行按学校类型培养教师的模式,规定以基础学校教师和主体中学教师为方向的师范生的修业期限至少为6个学期,以培养实科中学、完全中学教师和培养职业学校教师的师范生的修业期限至少为8个学期。如果实行按教育阶段培养教师的模式,规定培养初等教育阶段和中等教育第一阶段教师的修业期限至少为6个学期,培养中等教育第二阶段教师的修业期限至少为8个学期。在见习阶段的期限方面,德国大多数州培养各级各类教师的见习期规定为18个月,少数州定为24个月。

德国教师职前培养注重加强理论与实践的结合。德国将教师视为一项专门职业,需要多方面的知识和技能,因此,特别重视在未来教师的培养过程中加强理论与实践的结合。德国的未来,教师在修业阶段主要进行理论学习,旨在掌握作为教师应具备的学科专业知识和教育理论知识,他们必须学习两门执教专业学科知识和相关的学科教学论,同时学习教育科学和社会科学方面的教育学科课程。此外还进行一定时间的实习,但修业阶段中的实习时间累计较短。在见习阶段,未来教师主要在与教师培训机构有合作关系的中小学进行实践训练,包括听课、执教和教育学及心理学方面的探讨。研究表明,实地教学经验可以促进未来教师的语言表述的流畅性和连贯性,更有效地提高师范专业学生的学习成绩。未来教师还可以通过教学实践有机会了解自己的兴趣和能力，了解教师职业的全部内容，也了解他们正在接受职前教育的必要性，并有机会实地应用和检验他们在大学里学习的教育原理和教学方法，进一步深入理解教育理论与教学理论，掌握教育与教学的实际技能和本领。因此，德国的教师将教学实习视为他们职前教育中最有价值的部分。

6. 美国教师教育的职前培养模式

美国教师教育职前培养已有近二百年的历史。随着社会生产力的发展和政治制度改革对教育要求的变化，教师教育职前培养模式前后发生了巨大的改变。按照时间顺序可以分为以下4个时期的发展。

(1) 独立战争后的发展

第一个阶段是初创专门的初等教师教育职前培养机构阶段，美国建国初期曾效仿英国推行导师制。独立战争后，基于资本主义教育制度推行的需要，在考察了法国、德国等国的教师培养经验后，1823年在康克德市(Concord)成立了第一所私立初等教师教育职前培养机构，即师范学校。1838年，在马萨诸塞州创建了三所公立的师范学校，成为美国最早的公立初等教师教育职前培养机构。美国师范学校创办初期，学制定为1年，课程设置与中学大体相同，学生毕业后主要到小学任教师。到19世纪末，美国的公立和私立师范学校都获得了较大发展，并出现了中等教师教育职前培养机构，为美国资本主义教育的发展培养了大批初等学校教师。

(2) 第二次技术革命时期的发展

第二个阶段是建立高等教师教育职前培养机构阶段。19世纪70年代发生的第二次技术革命，对劳动者提出了具有中等文化程度的要求，教师教育职前培养机构也出现了高等教育层次。

1893年，美国的奥尔巴尼市(Albany)把中等师范学校升格为州立师范学院，成为美国最早的高等教师教育职前培养机构。20世纪初期，初等和中等师范学校逐渐减少，开始向社区学院、教师学院或师范学院过渡。从中等教师教育职前培养机构到高等层次的转变，大约到20世纪60年代完成。这一阶段的高等教师教育职前培养机构面向社会招收高中毕业生，定向培养中小学教师，分层次设置学制；在课程内容方面，要求深入学习文理专业课程和进行教育专业训练，培养规格提高到可以授予学位，并出现了教师专业认证制度。专业认证制度的出现，是美国教师教育职前培养发展的重要一环。

(3) 20世纪四五十年代的发展

这一时期是高等教师教育职前培养机构由封闭型走向开放型阶段。20世纪四五十年代，基于对教师学术性和师范性结合培养的社会需求，美国师范教育专业标准委员会同意把学术标准和教育专业训练作为教师培养的两个重点，为教师学院和师范学院向综合性大学的转变提供了理论依据。从20世纪40年代起，美国独立设置的教师学院或师范学院归并于综合大学，成为综合性大学的一个部门。其他的综合性大学也纷纷设立教育学院或教育系，承担教师职前培养的任务，综合性大学成为美国教师教育职前培养的主体。在综合性大学培养教师的过程中，美国主要采用“大学＋师范”的模式。20世纪80年代，美国的多数州实行“延长修业年限”的教师教育计划，把教师职前培养年限延长到5～6年。目前，实行“4＋1”模式的居多。这一时期承担美国教师教育职前培养的机构主要是大学，虽然大学教师在教师教育方面进行了许多尝试，但仍存在学术训练不足、与中小学缺乏联系等问题。

(4) 20 世纪 80 年代的发展

这一时期是教师教育职前培养多方共同参与阶段。20 世纪 80 年代，霍姆斯(Holmes)团体成员同意建立“专业发展学校”。这种专业发展学校的教师教育模式是：大学教育学院与以学校为中心半径范围约 50 英里内的公立中小学签订伙伴协作协议，由大学指导教师与中小学指导教师协作实施双导师制，共同完成对职前教师培养的现场经验教学，并通过建立大学教育学院电子讨论板，进行新教师及以后专业发展的指导与学习。这种专业发展学校模式及其设置标准是由美国全国教师教育认证理事会认可并通过的。近些年，美国教师教育出现了重心转移的改革，即将教师教育的重心由大学教育学院转向学区和中学。在教师教育职前培养重心转移的过程中，美国的地方政府、社会力量和基础教育机构参与进来，开创了教师教育职前培养多方共同参与、培养实效教师的新局面。

根据以上 4 个阶段，可以总结出美国的教师教育经历了从师范学校到教师学院，再到综合性大学教育学院的发展历程，培养方式主要有 4 年制和 5 年制两种。虽然美国是一个移民国度，在教师教育方面没有自己的传统，但是敢于吸取世界各国先进的教育理念和思想，勇于创新和改革。教师职前培养是美国教师教育的一个重要组成部分，美国教师职前教育培养模式主要有综合性大学教师培养模式和 PDS (Professional Development School)模式。其中，综合性大学教师培养模式从培养目标、课程连贯性、课程平衡、师资构成、经费资源、研究、招生、毕业及学位授予标准、评价等 9 个方面进行描述，并对美国教师教育现状进行了一一对比审视和批判。PDS 专业发展学校模式兴起于 20 世纪 80 年代末的美国，致力于大学与中小学的紧密联系、合作发展,将教师职前培养、在职进修、学校改革融为一体,促进了教师探索能力、反思能力的提升;培养方案主要有“2+2”学士教师教育、“4+1”学士教师教育、“4+2”研究生水平教师教育以及选择性教师教育等。其中,“2+2”学士教师教育模式是当前美国教师教育中一种最常规的模式,这是一种本科教育模式,由2年的普通教育和2年的专业教育组成。它包括普通教育、学科教育和专业教育以及教育实习4个方面内容。“4+1”学士教师教育模式也是一种本科教师教育模式,它整合本科教育计划、专业学习和教学实习等方面内容,它是对“2+2”教师教育模式的一个补充和完善,在原来4年制学习的基础上,为本科生增加1年的实践训练。这种教育模式培养出来的师范生的专业发展能力比4年制模式培养的师范生更强。

7. 澳大利亚教师职前培养的探索

澳大利亚教师的职前培养内容包括:人文学科和一般的科学教育,所教学科领域的专门教育以及指导专业实践的专业教育。职前培养还包括对进入该专业的候选人进行评价的部分,对毕业生的评价主要是由国家机构对合格教师颁发资格证书。职前教师融合教育能力的培养主要包括职前教师所学的融合教育课程、所接受的融合教育实践以及毕业后职前教师应具备的毕业标准等三部分内容。

澳大利亚作为融合教育发展的前沿国家,不断强调培养优质教师资源的重要性。在国家财政方面,澳大利亚政府积极支持教育书院的教师教育培训,并不断加大投入。同时,为了保证教师教育的高质量水平,澳大利亚政府和各州政府制定了相应的教师标准。澳大利亚教育、学前儿童发展及青年事务部部长理事会(MCEECDYA)于2010年12月22日正式通过了新修订的澳大利亚国家教师专业标准(APST)。澳大利亚教学和领导中心(AITSL)于2011年2月正式在全国范围内颁布了最新的APST,要求澳大利亚各州所有教师的专业标准都要与此标准保持一致。专业标准将教师职业生涯发展划分为四个阶段,即毕业教师、胜任教师、优秀教师、领导教师,包括三个维度和七个项目,分别从专业知识、专业实践和专业投入这三方面设置标准及指标体系,并要求教师证明自己是否达到标准。其中关于融合教育方面,对职前教师提出的标准包括:在专业知识方面,该标准要求职前教师了解学生身体、社会以及智力发展及个性特征;掌握身心障碍学生的全身心参与和辅助策略。在专业实践方面,要求职前教师学会设定学习目标,能为不同能力和特点的学生提供可实现的挑战目标;设计能帮助所有学生充分参与的课堂活动;学会应对学生挑战性行为的教学手段;展示多元化评估的教学能力并调整教学实践;在标准中不断强调教师要将所有学生纳入教学过程中,为所有学生提供适宜的教学策略。由此看出,澳大利亚各州政府在依据国家教师标准培养教师时,开始不断强调职前教师融合教育能力的培养。

2010年,澳大利亚政府再次颁布了《全国教师教育课程标准》,在课程内容方面要求教师具备特殊教育能力和心理品质。此外,教师专业标准结合当前澳大利亚的课程实施,对教师教育课程和专业学习机会进行了规定。其中,在教师专业学习机会中提到如何促进高质量教师和教育工作者的发展,以及他们是否能有效地对不同学生的多样性和能力进行教学等相关问题。澳大利亚的课程文件(ACARA)中也明确地指出了学生多样性的问题,特别是残疾学生、超长儿童以及有不同语言背景的学生。其中在描述学生多样性时,文件中明确提出教师有义务进行个性化学习,以“满足每个学生在所有教育背景和环境下的需求,无一例外”。因此,学生的多样性和差异性使澳大利亚教师教育课程不断丰富多彩,并将融合教育课程纳入教师教育课程体系中。值得注意的是,澳大利亚政府和各地的联邦政府有明确的教育职责的划分,各地联邦政府会根据当地的实际教育情况进行合理的规划,比如在任职资格上,澳大利亚的一些州政府采取了相关措施。新南威尔士州政府要求所有职前教师学习有关特殊教育的独立课程,如果他们想要在政府学校系统中获得就业,他们就必须在大学时期学习相关特殊教育课程,否则不予任用,这一要求后来传遍了澳大利亚的各个司法管辖区。此外,为了给所有儿童提供高质量的教育,有些研究者也提出了一些职前教师所必须具备的技能。如澳大利亚特殊教育协会(AASE)提出,教师了解有效的教学和策略,并将技能带到课堂当中是教师所具备的重要能力。其认为,以课程为基础的评估和有支持的程序教学是实现个性化教学方案的最佳实践方法,通过对样本的观察、测试和其他手段来收集的数据是方案调整的关键驱动因素,是满足现代课堂所有学生多样化学习需求的一种动态方法。从澳大利亚职前教师培养的相关标准或文件中可以看出,在教师培养的历程中,国家将教师所具备的融合教育思想、融合教育知识和素养等内容不断纳入相关标准中,努力提高职前教师的融合教育能力。

澳大利亚政府坚持以高等院校为主体,构建完善的培养体系。澳大利亚院校主要是通过两种方式实现职前教师的培养:一种是教育学专业开设 4 年制的大学学习;另一种是对教育行业感兴趣的其他专业的学生,可以先在其他专业学习 3 年,最后 1 年在教育学院修相关教育学学科,合格后授予学士学位。澳大利亚的高等院校开设了融合教育基础理论课程和实践教学，并就如何在职前教师教育课程中渗透融合技能训练制定了教学纲领；另外，与中小学建立伙伴关系来确保师范生得到良好的融合教育初级培训，这也是职前教师培养的重要途径。

四、国外教师职前培养的经验对我国的启示

1. 制定切合实际的培养目标

培养初中思想品德课教师是地方高师院校思想政治教育专业的重要任务，它承担该学科教师职前培养的重任，在其培养过程中，需要按照基础教育对初中政治教师的要求，制定切实合理的培养目标。2011 年，教育部发布了《教师教育课程标准（试行）》，对于幼儿园、小学和中学职前教师教育课程目标与课程设置分别提出了明确的要求。其中，在关于中学的职前教师教育课程目标与课程设置方面提出了明确要求："中学职前教师教育课程要引导未来教师理解青春期的特点及其对中学生生活的影响，学习指导他们安全度过青春期；理解中学生的认知特点与学习方式，学会创建学习环境，鼓励独立思考，指导他们用多种方式探究学科知识；理解中学生的人格与文化特点，学会尊重他们的自我意识，指导他们规划自己的人生，在多样化的活动中发展社会实践能力。"针对以上要求，地方高师院校在培养中学教师的过程中，要制定切实合理的培养目标。

制定切合实际的培养目标是教育培训的重要一环。以下是关于制定切合实际的培养目标的一些观点：首先，切合实际的培养目标应该根据当地的教育需求和教学环境来确定。不同地区、不同学校所面临的教育问题和需求是不同的，因此培养目标应该根据现实情况进行具体制定，针对当地教育需求确定培养

目标可以更好地满足师资需求并提高教育质量。其次，培养目标应该与教师职业发展路径和需求相匹配。教师职业是一个持续发展的过程，培养目标应该与教师的不同阶段和不同职业目标相对应。例如，初级教师可能需要注重教育理论和基本教学技能的培养，而高级教师可能需要注重教育领导能力和教学研究方面的培养。通过制定与教师职业发展路径相匹配的培养目标，可以帮助教师在不同阶段发展和成长。再次，切合实际的培养目标应该注重教师的实际需求和专业发展。教师是教育现场的实践者，他们需要具备实际教学所需的知识、技能和态度。培养目标应该围绕教师的实际需求进行制定，关注教师的跨学科教学能力、课程设计能力、学生管理能力等方面的培养。同时，应该重视教师的专业发展和个人兴趣，鼓励教师在感兴趣的领域深入研究和发展。最后，制定切合实际的培养目标需要教育机构、政府和教师专业组织等各方的共同努力。教育机构和政府应该开展需求调研和需求分析，了解教师培养方面的实际需求和问题。教师专业组织可以起到推动和监督的作用，促使培养目标与实际需求相匹配。同时，与实际教学环境与实践紧密结合的培养模式和评估体系也是保证培养目标切实可行的重要方面。

制定切合实际的培养目标是教育培训中的重要任务。这需要根据当地教育需求、教师职业发展路径和实际教学需求来制定培养目标，注重教师的实际需求和专业发展，以及各方的共同努力方向。只有制定切合实际的培养目标，才能更好地满足教育需求，并培养出高素质的教师队伍。

2. 坚持教师教育体系开放化道路

教师职前培养模式转型要按照客观规律循序渐进地开展。

在我国,高等师范院校日益向综合化方向发展,综合性大学也积极参与到教师教育事业中。一方面,师范院校要更新教育教学理念,发掘自身优势和特色,举办特色专业和教育,不断开发特色培养方案,积极开发优质课程教案,凸显师范教育专业优势;办学层次与定位、教师教育形式和方法也应更加灵活开放。另一方面,综合性大学也积极参与到教师教育中来,培育师范生的综合大学数量以及培养的师范类毕业生数量逐年增加。渐渐地,教师教育不再是师范院校的专属,综合性大学以及其他专业院校也都能够参与其中,例如应该大大鼓励体育院校参与到体育教师的教育当中,并发扬特色,呈现出专业性与科学性。另外,教师教育应该在各个层次的院校开展,不仅在本科院校,在专科院校、中职院校也应该鼓励发展教师教育,使教师教育体系更加开放化。

教师教育体系的开放化是推动教育进步和提高教师素质的重要途径。开放化的教师教育体系可以帮助教师获取更广泛的知识、技能和经验,提高其教学水平和专业素养。以下是一些关于坚持教师教育体系开放化道路的观点:首先,开放化的教师教育体系可以创造更多的机会和路径,促进教师的专业发展。教师教育应该提供多样的学习途径和培训机会,如学位课程、专业研修、教育研究等。再次,教师还可以参与国内外的交流项目、参观访问、合作研究等,积累丰富的学科知识和教学经验。这些机会和路径可以满足不同教师的需求和兴趣,并促进他们的专业成长和发展。其次,开放化的教师教育体系可以加强教师之间的合作和交流。教师教育应该为教师之间的交流和合作提供平台和机会。例如,教师可以参加教学研讨会、教育会议、专业社群等,与其他教师分享教学经验、教学资源和教学方法。这种合作和交流可以促进教师之间的互相学习和成长，并培养良好的教师专业文化。此外，开放化的教师教育体系可以与社会和行业进行更紧密的合作。教育机构和教师可以与社会组织、企业、行业协会等合作，开展教育项目、实践活动和实训课程。这种合作可以帮助教师了解社会需求和行业要求，为学生提供实际应用的教学内容和职业准备。同时，教师还可以从社会和行业中获取最新的知识和技能，与之保持紧密的联系和交流。最后，开放化的教师教育体系可以积极引入新兴的教育技术和创新方法。教育技术的发展为教师教育提供了新的机遇和挑战。教师教育可以积极引入在线学习平台、虚拟实境、智能辅助学习系统等新兴的教育技术，提供更灵活、个性化和有效的教学支持。同时，也需要加强对教师的培训和支持，使他们能够灵活应用这些技术，并在教学中保持创新和发展。

综上所述，坚持教师教育体系的开放化道路对于提高教师素质和推动教育进步具有重要意义。教师教育应该提供广泛的学习机会和培训路径，促进教师专业发展。同时，应加强教师之间的合作和交流，与社会和行业进行合作，引入新兴的教育技术和创新方法。这样，可以不断提升教师素质，从而更好地满足学生和社会的需求。

3. 强调教师专业化培训

我国的教师专业发展职前培养要向西方发达国家学习，废止传统的师范院校垄断中小学教师培养的封闭的教师教育模式，逐渐改由综合性大学中的教育学院、师范院校和其他机构来共同完成，从而打破师范院校一统天下的局面。引入教师教育的竞争机制，为教师的职前培养提供更加完整的平台，使未来教师具有更高的先天综合素质和能力。同时，在教师的职前培养中，我国的教师教育要改变重学科专业教育、教师教育的局面，把师范生的教师专业教育放到同学科专业教育同等重要的地位，随着社会进步的需要逐步向高层次、专业化方向发展。发达国家教师职前培养的重心在不断上移，并且发展为覆盖教师整个职业生涯的一体化终身教育，旨在通过不断学习和教育提升师资队伍素质，在综合化平台上培养高素质教师。我国的教师职前培养要在大学化发展的同时加强专业化建设。我国新世纪教师教育实现转型的根本标志在于建立起教师教育新的范式，将专业教育与教师养成相剥离，从“专业＋师范”走向“大学＋教师教育”，努力实现教师教育大学化，并积极实现学士后的教师教育，如北师大的“4＋2”、华东师大的“4＋1＋2”、上海师大的“3＋3”教师培养模式。

强调教师专业化培训是提高教师素质和提升教育质量的关键措施。以下是关于强调教师专业化培训的一些观点：首先，教师是教育的核心力量，他们的培训和发展对教育质量有着重要影响。通过专业化培训，教师可以掌握更丰富的学科知识和专业技能，提高他们的教学水平和应对各种教育挑战的能力。专业化培训可以帮助教师了解最新的教育理论和研究成果，掌握先进的教学方法和策略，并加强他们的教学创新能力。其次，通过专业化培训，教师可以不断更新自己的知识和技能，适应不断变化的教育需求和时代发展。教育是一个不断变革和进步的领域，教师需要不断学习和发展，才能更好地满足学生的需求。专业化培训可以帮助教师跟上最新的教育发展趋势和技术创新，培养他们的自主学习和持续进修的能力。再次，专业化培训可以加强教师的专业素养和教育伦理。教师需要具备良好的教育伦理和专业道德，才能为学生树立榜样和引导他们成长。通过专业化培训,教师可以接受一系列的伦理教育和职业道德培训,加强他们的职业自律和敬业精神。这对于保障学生的权益和培养良好的学习环境至关重要。最后,教师专业化培训可以提高教师的自信心和职业满意度。教师是一个具有高度责任感和挑战性的职业,他们需要面对各种各样的教育情境和学生需求。适当的专业化培训和发展可以帮助教师更好地应对挑战,并提高他们的工作满意度。教师通过专业化培训获得的知识和技能,可以提高他们的自信心和教学效果,同时也为他们的职业发展打下基础。

综上所述,强调教师专业化培训是提高教师素质和提升教育质量的重要措施。通过专业化培训,教师可以掌握更丰富的知识和技能,适应变化的教育需求并提高职业水平。此外,专业化培训还可以加强教师的专业素养和教育伦理,提高他们的自信心和职业满意度。教育机构和政府应该重视教师专业化培训,为教师提供完整的培训体系,不断提高教师的专业发展水平。

4. 注重师范生实践能力的培养

对照我国地方高师院校教师职前培养模式和发达国家关于教师教育现状的分析,不难发现,在教育实践环节方面,我们国家的实践环节较为薄弱,师范生的实践能力和研究能力不强,而发达国家非常重视教育实践环节,重视学生专业技能的培养。因此,在以后的人才培养模式改革中,一要加强对师范生教学实践能力的培养,通过延长教育实习时间、加强教学实践环节的指导和评价等方面来提高教育实践的效率。例如,我国师范类学生的实习时间为 6～8 周,时间安排相对集中,在本科阶段的第 7 或第 8 学期。而国外发达国家教育实习安排了相对较长的时间，如美国把教育实习分散到大学各年级阶段进行，英国以中小学为基地进行实际的教育教学实践，俄罗斯规定教育实习的时间长达 20 周，连续 4 个学期，每周 4 学时，一至三年级共计 256 学时。二要处理好“学术性”与“师范性”之间的关系，不同层次有不同侧重，寻找两者之间的最佳结合点。三要变过去“重理论，轻实践”的做法，加强教育教学实践及教育实习实践。

注重师范生实践能力的培养是提高教师素质和适应实际教学需求的重要举措。以下是关于注重师范生实践能力培养的一些观点：首先，实践能力是成为一名优秀教师的关键要素之一。仅仅掌握理论知识是不够的，教师还需要在实际教学中运用所学知识和技能。通过实践活动，师范生可以了解并熟悉教学环境、学生需求以及教学挑战，实践经验可以让师范生更好地应对复杂的教育情境，并逐渐提升他们的教学能力和自信心。其次，实践活动可以提供丰富的教学资源和实践机会。师范生可以通过参与实践项目、实习或参与志愿活动等方式，接触到不同类型的学校、学生和教学环境。这种实践经历可以让他们更好地了解学生的多样性需求，掌握多样化的教学方法，并熟悉教育资源的有效利用。实践经验可以有效地提高师范生的实际教学能力和适应力。再次，师范生的实践能力培养还可以通过导师制度和实践指导来实现。导师制度可以为师范生提供针对性的指导和支持，帮助他们在实践中发展和成长。导师可以分享自己的实践经验并提供宝贵的指导建议，帮助师范生加深对教学的理解和实践。实践指导可以让师范生有机会反思自己的实践行为并促进其自我调整和提升。最后，注重师范生实践能力的培养还需要加强教育机构和学校之间的合作。教育机构和学校可以共同制定实践教学计划和项目，为师范生提供多样化的实践机会和丰富的实践资源；同时，教育机构和学校可以对师范生进行定期的反馈和评估，帮助他们了解自己的实践表现和发展需求，并改进实践能力。

注重师范生实践能力的培养对于提高教师素质和适应实际教学需求至关重要。实践能力可以帮助师范生在实际教学中应对挑战，并提升他们的教学能力和自信心。教育机构、学校和导师应加强合作，提供丰富的实践机会和指导支持，帮助师范生在实践中不断发展和成长。

5. 加强大学与中小学的合作

发达国家之所以能给学生安排那么多的实习时间，并能有条不紊地进行，就是因为高校与中小学的合作制度，尤其是英国。1992 年 5 月，英国政府颁布了《教师职前培养》改革文件，计划以学校为基地，通过大学与中小学之间建立伙伴关系来培训教师，形成大学教育学院、中小学实习学校和地方教育行政部门“三位一体”的模式。强调师范教育机构必须建立服务基础教师培训的中小学基地学校，两者的关系应该是合作关系，以促进教师教育切合中小学实际。为了完成这次改革，英国政府在 1992 至 1993 年度拨出专款 600 万英镑。目前，英国共有 74 所高等教育机构与几千所学校建立了伙伴关系，每年通过这种途径培训的教师达 27000 名。1986 年，美国霍门斯小组出版了《明日的教师》，提出了改革职前培养课程以及建立中小学与大学密切合作的建议，旨在以中小学为基地建立专业发展学校，促进教师专业知识的发展，加强中小学与教师培养机构的联系与合作，共同培养教师。具体做法：拥有学士学位、志愿当教师者，通过审查和能力测验后被接收入学，在中小学接受为期 1 年的教育与实习。

在我国中小学教师职前培养中，大学持有绝对话语权，这样做的结果是大学培养出来的师范生不适应基础教育教学的实际，而西方发达国家的教师教育都非常重视大学与中小学的合作，尤其重视提升中小学在教师教育中的参与权，有效地解决了高等院校培养出来的教师不了解和不适应中小学情况的问题。西方发达国家教师教育培养的这一经验值得我们借鉴。在以后的教师职前培养中，务必强调师范生到中小学进行教育见习和实习的重要性，使高师院校和中小学共同承担培养基础教育教师的重任。

加强大学与中小学的合作是促进教育发展和提高教师素质的重要举措。以下是关于加强大学与中小学合作的一些观点：(1)大学与中小学的合作可以促进教育理论和实践的有机结合。大学作为教育研究和学术研究的重要机构，拥有丰富的教育资源和专业知识。与中小学的合作可以帮助大学将理论知识转化为实际教学策略，并将实践中的问题反馈给大学进行研究和探索。这种合作可以促进教育理论与实践的互动和融合，提高教学质量和创新能力。(2)大学与中小学的合作可以提供更多的教学资源和支持。大学通常拥有丰富的教育资源、实验设备和图书馆等资源，这些资源可以与中小学共享。通过合作，中小学教师可以获得大学的教学支持、教材和教育技术等方面的专业帮助。同时，大学也可以通过与中小学合作建立教学实验基地和实习基地，为教育专业学生提供实践机会和教学实习机会。(3)大学与中小学的合作可以促进教师培训和教育研究的深入发展。大学可以开设与中小学教学相关的师资培训课程，提供专业化的培训和学习机会。同时，大学教育学院可以与中小学建立长期的合作关系，共同开展教育研究项目和课题研究。这种合作可以促进教师培训和教育研究的实践性，提高其实际应用和可操作性。(4)大学与中小学的合作可以加强教师之间的交流与互动。教师之间的合作和交流是提高教师专业发展和教学质量的重要手段之一。大学与中小学的合作可以为教师提供交流和学习的平台，如举办教学研讨会、座谈会，共同策划课程等。通过交流与互动，教师可以分享教学方法和经验，共同解决教学中的问题，提高教学水平和专业素养。

加强大学与中小学的合作对于教育发展和教师素质的提高具有重要意义。这种合作可以促进教育理论与实践的结合，提供更多的教学资源和支持，推动教师培训和教育研究的深入发展，以及加强教师之间的交流与互动。教育机构、政府和社会各界应共同重视、支持和推动大学与中小学的合作，以提升教育质量和培养高素质的教师队伍。

第五章　成果导向职前培养模式及其开发的动因

第一节　基于成果导向的体育教师职前培养模式的内涵

当前，我国高校体育教师培养体系可以划分为职前培养、入职培训、职后再培养三个连续的阶段。高校体育教师培养过程作为一个长期化、动态化的过程，以正式入职为关键点，实现了从学生到体育教师身份的转变，且体育教师职前培养阶段作为体育教师职业生涯的起点，在体育教师培养体系中具有基础性与关键作用，决定着未来体育教师职业生涯的可持续性。虽然职前培养阶段是高校体育教师培养体系的初级阶段，但是其不仅具备改变学生思维模式、塑造体育教师职业价值等方面的工作，还承担着培养职前体育教师专业能力、专业知识与技能等作用，是推动高校体育教师职前专业化成长的重要途径。就体育教师培养过程的阶段性而言，职前培养阶段比较强调体育教师培养的基础性、标准化以及专业性，因而高校体育教师职前培养要从整体上综合考虑培养目标、培养内容、教学方法以及考核评估等环节。通过高校体育教师职前培养的专业化，推动高校体育教师培养的整体化，促进各培养阶段的衔接与融合，进而整体化、专业化地培养符合社会与高校需求的体育教师专业人才。

成果导向要求培养目标与毕业要求紧紧围绕学生的发展来确定;教学内容根据对学生的期望而设计;师资与其他支撑条件判断标准是是否有利于学生达成预期目标;评价的焦点是学生学习效果与表现;以学生为中心的工程教育强调"教主于学"的教学理念,即教之主体在于学、教之目的在于学、教之效果在于学。遵循以学论教的教学原则,即教什么取决于学什么,怎么教取决于怎么学,教得怎么样取决于学得怎么样。重教轻学是传统工程教育的痼疾,至今仍然主导着课堂教学,要改变这种状况,必须解决两个基本问题:教学本质与教学理念。

成果导向职前培养模式是一种注重培养学生实际技能和知识应用能力的教育模式。这种模式的动因主要源于对传统教育模式的反思和对就业市场需求的变化的认识。传统的教育模式往往注重学生的理论知识和学科基础,忽视了学生的实践能力和应用能力的培养。然而,现代社会对人才的需求已经发生了变化。雇主更加关注员工的实际工作能力和解决问题的能力,而不仅仅是他们的学历和学术成绩。因此,传统的教育模式已经不能完全满足就业市场的需求。成果导向职前培养模式的出现正是为了解决这一问题。这种模式注重学生的实际操作技能和解决实际问题的能力,更加贴近职业需求和现实情境。学生通过参与实践项目、实习经历和工作场景模拟等方式,能够在学习过程中获得真实的职业体验和技能锻炼。此外,成果导向职前培养模式也受到教育改革的推动和新技术应用的影响。随着信息技术的发展,教育变得更加灵活和个性化,学生可以通过在线学习、虚拟实验室和模拟软件等方式获得更多实践机会和反馈。这种技术的应用为成果导向职前培养模式提供了更好的实施条件。综上所述,成果导向职前培养模式的出现是对传统教育模式的反思和对现实职业需求的回应。这种模式注重学生的实践能力和应用能力,能够更好地培养学生的职业能力并适应就业市场的需求。同时,教育改革和新技术的应用也为成果导向职前培养模式的发展提供了动力。

第二节　成果导向的体育教师职前培养模式

成果导向职前培养模式是一种注重培养学生实际技能和知识应用能力的教育模式。这种模式的核心理念是将学生的学习成果和实际能力作为评价的重点,并着重培养学生解决实际问题和应对职业需求的能力。

在成果导向职前培养模式中,学生不仅仅是接受传统知识和课堂学习,还需要通过实践项目、实习经验、工作场景模拟等方式来应用所学的知识和技能。这种实践过程可以让学生在真实的环境中进行学习和实践,培养他们的实际操作技能、解决问题的能力和团队合作能力。成果导向职前培养模式的目标是使学生在毕业后能够快速适应职业环境,并具备能够为职业成功所需的技能和知识。这种模式注重学生的自主学习能力和实践能力,在教育中强调了学生的主动性和参与度。尽管成果导向职前培养模式在培养学生的实际能力方面有很多优势,但也要注意平衡理论知识和实际能力的培养。综合素质的发展仍然非常重要,学生需要具备批判性思维、创新能力和终身学习的意识。总而言之,成果导向职前培养模式通过注重学生的实际技能、知识应用和职业能力的培养,致力于满足职业市场对人才的需求。它通过实践项目、实习经验等方式，让学生在真实场景中学习和应用知识，从而提高学生的职业竞争力和适应能力。

成果导向职前培养模式的实施需要学校和教育机构采取一系列措施。首先，课程设计需要更加贴近实际职业需求，并注重实践和应用。这意味着课程内容和教学方法需要与行业接轨，同时提供学生参与实践和实际项目的机会。其次，导师和教师的角色也需要发生变化。教师需要担当起指导者和导师的角色，帮助学生在实践中掌握技能和理论知识。

第三节　成果导向的体育教师职前培养模式开发的动因

基于成果导向的体育教师职前培养模式开发的动因是源自对传统体育教育模式的反思和对体育教育的现实需求的认识。传统的体育教育模式往往注重学生的体能训练和体育项目的技能培养，忽视了学生的综合素质和能力培养。然而，随着社会发展和人们对体育的认识发生变化，体育教育也面临着新的挑战。人们逐渐认识到体育教育的目的不仅仅是培养体育项目的技能，更重要的是培养学生的身体素质、健康意识、团队合作和领导能力等综合素质。基于成果导向的体育教师职前培养模式的出现正是为了解决这一问题。这种模式注重培养体育教师的实践能力和综合素质，使其能够更好地应对学生的多样化需求。体育教师在职前培养中需要通过实际操作、实践项目和体育教学实习等方式，学习如何有效地促进学生的身体发展、健康教育和个人发展。同时，体育教师职前培养模式的开发也得益于教育改革和教育技术的进展。现代教育技术可以提供更多实践和反馈机会，为体育教学提供更多创新的教学方法和工具。这种技术的应用为基于成果导向的体育教师职前培养模式的实施提供了更好的条件。综上所述，基于成果导向的体育教师职前培养模式的出现是对传统体育教育模式的反思和对现实体育教育需求的回应。它注重培养体育教师的实践能力和综合素质，帮助他们更好地适应学生的需要，并为学生提供更好的体育教育体验。同时，教育改革和教育技术的进展也为基于成果导向的体育教师职前培养模式的开发提供了动力。

当涉及基于成果导向的体育教师职前培养模式时，还有其他一些关键要素需要考虑。

首先是培养实践能力。体育教师的职责之一是能够有效指导学生进行体育活动和运动训练，因此，他们需要具备扎实的实践能力。在基于成果导向的培养模式中，体育教师在职前培训过程中需要通过实际操作和实践项目来锻炼和培养这些实践能力，这包括组织和设计课程、运动技能的教学、体育训练和教练的角色等方面的实践经验。

其次是教学方法的创新和多样化。基于成果导向的培养模式，鼓励体育教师采用多种教学方法和工具来提升学生的学习效果。教师可以运用现代教育技术，如虚拟实验室、智能设备和在线资源，来丰富和扩展体育教学的方法和教材。同时，体育教师还可以通过合作学习、小组活动和项目制学习等方式激发学生的积极性和参与度，提高他们的实践能力和解决问题的能力。

最后是对学生成果的评估。在基于成果导向的体育教师职前培养模式中，学生的成果和能力培养是评估的重点。相比传统的考试和论文评估，这种模式更注重学生在实际情境中的表现和能力发展。因此，评估方法需要多样化，包括实践项目报告、个人和团队作品、表现评价等。这种综合评估的方法可以更好地反映学生的实际技能和综合素质，帮助教师了解学生的成长和发展情况。

综上所述，在基于成果导向的体育教师职前培养模式中，培养实践能力、创新教学方法和评估学生成果都是关键的方面。通过注重这些要素，体育教师能够更好地满足学生的需求，提高他们的实际能力，并为他们的未来职业成功打下坚实的基础。

第六章　总结与展望

OBE 强调学生积极参与学习过程，培养他们的自主学习和自我评价能力。它将学生置于教育的核心位置，通过明确的学习目标和评估标准来指导教学。OBE 还鼓励学生的终身学习和职业准备，以适应不断变化的社会需求和职场需求。总的来说，OBE 在教育领域产生了积极的影响，帮助学生获得更具价值和适应性的教育。

当继续深入探讨 OBE 时，还可以考虑到一些具体的应用和优势。首先，OBE 有助于提高学生的学习动机和参与度。通过明确的学习目标和实际应用的评估，学生可以更清晰地了解他们正在学习的内容和目标。这种清晰度可以激发学生的学习兴趣和动力，使他们更积极地参与学习过程。此外，通过将学生的学习成果与实际应用联系起来，OBE 可以增强学习的意义感和实用性，提高学生的学习动机和学习效果。其次，OBE 强调学生的能力发展和实践技能的培养。传统的课堂教学往往侧重于知识的传授，而 OBE 更注重学生能够将所学知识应用于实践中。通过 OBE 的实施，学生将有机会进行与实践、实验、项目等实际问题相关的活动，从而培养其创新思维、问题解决能力和团队合作精神。这种能力的培养有助于学生更好地适应复杂多变的社会和职场环境。再次，OBE 还鼓励学生的终身学习和职业准备。

随着社会的快速变化和技术的不断进步,学生需要具备不断学习和适应新知识的能力。OBE 通过强调学习过程中的实际成果和能力培养,培养了学生的自主学习能力和学习动力,使他们更具备应对未来挑战的能力。综上所述,OBE 强调学生的学习成果和能力发展,通过明确的学习目标和实际应用的评估,激发学生的学习兴趣和动机,培养实践技能和创新思维,促进终身学习和职业准备。这使得 OBE 成为一种为学生提供更具价值和适应性教育的有效方法。然而,要成功实施 OBE,需要教育机构、教师、学生和利益相关者之间的密切合作和持续努力。

通过 OBE,学校和教育机构的教学重心转移到为学生提供必要的技能、知识和能力,而不仅仅是传授知识。OBE 在教育领域产生了积极影响。它强调学生参与积极的学习过程,注重学生的实际学习成果和能力发展,并将学生置于教育的核心位置。通过设置明确的学习目标和评估标准,OBE 鼓励学生的自主学习和自我评价能力的培养。此外,OBE 还提倡终身学习和职业准备,帮助学生更好地适应不断变化的社会需求和职场需求。

OBE 为教育领域带来了一种更加以学生为导向的教育方法。通过关注学生的实际学习成果和能力发展,以及与实际需求的结合,OBE 有望为学生提供更具价值和适应性的教育。然而,OBE 的实施需要持续的努力和改进,以确保其发挥最大的潜力并实现预期的效果。

OBE 仍有许多发展的机会。首先需要进一步完善评估方法和标准,确保学生成果的评估公正、准确和可靠。此外,教育机构应不断提升教师的教学能力,以更好地实施 OBE,并加强与社会和行业的合作,确保与实际需求相适应的课程设置。另外,技术的不断创新也将对 OBE 产生积极影响,例如利用在线学习平台和教育技术工具,促进学生个性化学习和远程教育。在展望OBE的未来时,我们可以探讨一些潜在的发展趋势和机会。

首先,随着技术的不断发展和普及,OBE可以更好地与教育技术工具和在线学习平台结合,促进学生的个性化学习和远程教育;虚拟实境、增强现实和人工智能等技术可以提供更丰富、互动性更强的学习体验,帮助学生更好地理解和应用所学知识。同时,在线学习平台可以为学生提供更灵活的学习机会,帮助他们根据个人需求和兴趣进行学习。其次,OBE可以进一步加强与社会和行业的合作,确保教育内容与实际需求相匹配。教育机构可以与行业合作,了解行业需求,调整课程设置和教学方法,以更好地培养学生所需的实践技能和职业素养。这种紧密的合作可以提升学生就业竞争力,并帮助他们顺利过渡到职场。再次,OBE的评估方法和评价标准也可以进一步改进和创新。传统的考试和评分方式可能无法完全反映学生的实际能力和学习成果。因此,可以探索更多形式的评估,如项目作业、实践表现、综合评估等,以更全面、综合地评价学生的能力和成果。最后,提供给教师的OBE培训和支持也非常重要。教师是OBE实施的关键,他们需要具备相应的教学方法和评估技能,能够有效指导学生的学习和发展。教育机构可以加强对教师的培训和专业发展支持,以提高他们在OBE中的教学能力和专业素养。总而言之,OBE在未来有许多发展的机会。通过结合教育技术、加强与社会和行业的合作、改进评估方法和提供支持与培训给教师,OBE可以进一步优化学生的学习体验和教育成果,并帮助学生更好地适应不断变化的社会需求和职场环境。

在继续探讨OBE的未来时,还可以考虑一些其他的发展趋势和机会。在教育领域,全球化和国际化的趋势不断加强,OBE

可以通过促进跨文化交流和跨界合作，培养学生的跨文化意识和全球视野。教育机构可以引入国际化的教学资源和合作项目，为学生提供与不同国家和文化相互交流的机会，这种国际化的教育体验可以提高学生的综合素质和竞争力。另外，可持续发展和社会责任也将在未来成为教育的重要要素。OBE 可以加强学生对可持续发展和社会问题的认识和理解，培养他们成为关注环境和社会问题的公民。通过与社会组织和非营利机构的合作，学生可以参与各种社会实践和义工活动，从而体验实际的社会责任和参与感，这有助于培养学生的社会责任感和领导能力。此外，教育的个性化也是未来的一个重要方向。每个学生拥有独特的需求和学习风格，教育机构可以通过个性化的教学方法和学习计划满足不同学生的需求。OBE 可以通过为学生设定个人学习目标和提供个性化的学习路径来实现个性化教育。教育技术的发展也提供了更多的可能性，例如，学习分析和智能辅助学习系统可以帮助教师更好地了解学生的学习需求并提供精准的教学支持。综上所述，OBE 在未来可以通过与教育技术、国际化合作、可持续发展和个性化教育的结合来实现更多的发展。从全球化的视角出发，培养学生的全球视野和跨文化能力。关注社会责任和可持续发展，培养学生的领导能力和公民意识。通过个性化教育满足学生的个别需求，并利用教育技术提供更精确和有效的教学支持。未来，OBE 将在这些方面继续发展并为学生提供更具价值和适应性的教育。

继续探讨 OBE 的未来时，还可以考虑到一些其他的发展趋势和机会。一方面，人工智能和机器学习等技术的应用将给 OBE 带来新的可能性。通过分析大量的学习数据和个体学习轨迹，机器可以提供更个性化、定制化的学习建议和教学支持。教育机构可以利用这些技术更好地理解学生的学习需求，推荐合适的学习资源，以及提供个性化的评估和反馈。这将进一步提升学生的学习效果和满意度。另一方面，面对不断发展和变化的职业需求，OBE 可以更加注重培养创新、创业和数字技术等方面的能力。教育机构可以引入创业教育和实践项目，帮助学生培养创新思维和解决问题的能力。加强对数字技术的教育和培训，帮助学生掌握与数字化时代相关的技能，如数据分析、编程和人工智能等。这些能力将使学生更有竞争力并适应未来的职业发展。此外，随着教育的场景和方式不断多样化，OBE 可以通过移动学习、游戏化学习和社交学习等方式来提供更灵活、互动和社交化的学习体验。移动设备的普及使得学习可以随时随地进行，学生可以通过移动学习应用程序或在线平台进行学习。游戏化学习可以激发学生的兴趣并增强学习的趣味性，社交学习则可以鼓励学生之间的合作和互动。这些新的学习方式可以更好地满足学生的学习需求和学习习惯。综上所述，OBE 在未来可以通过应用人工智能和机器学习技术、注重创新和数字技术的培养，以及通过采用移动学习、游戏化学习和社交学习等方式来实现进一步的发展。这些发展将有助于提高学生的学习效果，满足不断变化的职业需求，并为学生提供更灵活、个性化和有趣的学习体验。教育机构、教师和技术开发者需要持续努力，密切关注这些发展趋势，并积极适应和应用新的教育方法和技术，以推动 OBE 的进一步发展。

后　记

为了实现推进公平而有质量的教育均衡发展的目标，提高国民身体素养，满足人们追求美好生活的愿望，实现培养具有核心素养的全面发展的人的教育目标，高等师范院校对体育教师的职前培训显得尤为重要。职前教师教育作为教师教育的第一环节，其质量的高低关系着教师队伍的整体素质。教师培养模式是指每一个具体的教师教育院校内的有关教师培训工作的诸要素及其关系，具体包括培养目标课程、设置师资队伍等构成的系统化设计。随着社会的发展进步，地方应用型本科高校传统体育师范专业人才培养模式逐渐不能适应新形势下社会对人才的更高要求，特别是高等教育大众化之后，大学生质量参差不齐，不同地区学生运动能力相差较大，部分大学生在体育课程学习过程中会出现跟不上教学节奏，逐渐丧失对体育专业学习的兴趣。

因此，针对抽象性强、教学内容多的基础理论课程，考虑到授课对象基础理论知识薄弱等特点，可以通过将 OBE 教育理念应用于体育教育专业基础课程教学。地方应用型本科高校需准确把握当前社会对体育教育人才的需求，对传统人才培养模式进行系统改革，达到提高人才培养质量的目的。切实改善目前基础课程教学过程中存在的问题，进而提高体育专业学生的基础课程知识水平，具有一定的实践意义。